時空を超えた聖地をめぐる

高野山と密教の仏様

COVER　写真=Kankan　装丁=松崎理
photo: Kankan Art Direction: Matsuzaki Osamu (yd)

第1章
天空のワンダーランド 高野山に行こう!

第2章
宿坊に泊まる
本当の高野山に触れる旅

塔頭寺院・恵光院（えこういん）、毘沙門堂での毎朝の護摩（ごま）祈祷。仏様への感謝や祈りが炎や煙に込められる。

第1章

天空のワンダーランド 高野山に行こう!

平成27年（2015）に開創1200年を迎えた高野山。
平安時代に空海（弘法大師）によって開かれた天空の都市は、
今も多くの人々の信仰を集めています。
初めて高野山に登るとき、山麓から訪れると山上の森の中に、
いきなり町が現れるので驚きます。
高野山全体が大きなお寺であるという事実。そこに広がる修行の世界。
私たちの現実と隣り合わせにある、不思議な世界。
実際にそれを感じるために、ぜひ高野山を訪れてみましょう。

高野山は平安時代に真言密教の開祖、弘法大師《こうぼうだいし》・空海が開かれた霊場です。

和歌山県北部の標高約８００ｍから９００ｍの高地にあり、車やケーブルカーで山を登ると、急に町が現れて驚くことでしょう。

大師が高野山に初めて登ったとき、野原が広がり、周囲の山々が蓮華《れんげ》の花のように土地を囲む様子を見て、「この場所こそ真言密教を広めるのにふさわしい場所」と確信したそうです。

山全体が総本山金剛峯寺《そうほんざんこんごうぶじ》の境内地となっており、その塔頭《たっちゅう》寺院（子院）として、約50ものお寺が存在します。ほとんどのお寺は宿坊を兼ねていて、実際に泊まることもできます。

弘仁７年（８１６）、大師は嵯峨天皇より高野山を下賜《かし》され、この地に真言密教の根本道場を開きました。

そして約20年間は高野山の造営に専念し、承和２年（８３５）、大師は一週間前から住房を浄めて穀物をたち、身体を香水で浄めて御※入定《にゅうじょう》されました。以来、高野山の僧侶たちは、大師のために日々のお食事をつくってお供えしています。つまり、今も大師は〝生きて〟私たちを見守っていらっしゃいます。

大師が眠る「奥之院《おくのいん》・御廟《ごびょう》」と、密教の修行道場である「壇上伽藍《だんじょうがらん》」は高野山の二大聖地と呼ばれ、さらに、高野山全体の宗務を司る総本山金剛峯寺《そうほんざんこんごうぶじ》を中心として、今も多くの人々の信仰を集めています。

※入定（にゅうじょう）…悟りを得るための修行。瞑想をしながら仏になること。

これだけは押さえておきたい

高野山の基本知識を知る

**密教という秘密っぽい名前にある通り、
高野山では難しくて聞き慣れない言葉が多いのも事実。
しかし、少しずつ言葉を理解すると、不思議とハマってしまいます。
ここでは、高野山や弘法大師の教えを知るうえで基本的な言葉を紹介します。**

イラスト＝宇和島太郎
illustration:Taro Uwajima

密教《みっきょう》って何？

密教というのはその言葉通り、秘密の仏教という意味です。それは大切な教えや真理が書物などを使わず、口伝《くでん》（師匠から弟子へ直接口で伝えること）で伝わってきたからと言われています。日本には弘法大師（空海）が伝えた真言密教（東密）と、伝教大師（最澄）が伝えた天台密教（台密）があります。

高野山という山はない!?

じつは「高野山」という名前の山はありません。転軸山や摩尼山など標高約1000m級の８つの山々に囲まれた、山上の東西６km、南北３kmの盆地のことを「高野山」と呼んでいます。それは上空から見れば蓮の花が咲いたような土地で、曼荼羅《まんだら》の八葉蓮台《はちようれんだい》のような形で縁起がいいとされています。

高野山全体が一つのお寺

総本山金剛峯寺《こんごうぶじ》とは、高野山全体のこと。「一山境内地」と言い、高野山の至るところがお寺の境内地であり、高野山全体が一つのお寺となっています。山内に点在するお寺は塔頭寺院《たっちゅうじいん》と呼ばれ、子院のこと。そのうち50近くのお寺は宿坊を併設しています。ちなみに一山の総門は「大門」であり、総本堂は「金堂」になります。金堂で重要行事の多くが行われるのは総本堂だからなのです。

空海は今も生きている！

弘法大師（空海）は平安時代の名僧。31 歳で中国に渡り、恵果《けいか》阿闍梨《あじゃり》から短期間で真言密教のすべてを受け継ぎ、真言宗の開祖となりました。大師は承和２年（８３５）に御入定《にゅうじょう》され、未来永劫に迷える者、苦しむ者を救うために今でも奥之院御廟《ごびょう》から「生きたまま」で私たちを見守っています。そして奥之院の御供所では毎日２回、弘法大師が召し上がるお食事（生身供《しょうじんく》）が調理され、御廟前の燈籠堂まで運ばれています。

梵字《ぼんじ》と真言《しんごん》とは？

高野山の密教行事において必ず使われる「梵字」と「真言」。梵字は古代インドのサンスクリット語（梵語）を文字にしたもので、とくに日本では梵字一字一字に霊力があると信じられています。また、真言とは梵語をそのまま音写したものです。音が大切なために翻訳せずにそのまま使います。たとえば観世音菩薩《かんぜおんぼさつ》の真言は「オン アロリキャソワカ」と言います。

大師考案の瞑想法、阿字観《あじかん》とは？

阿字観とは弘法大師によって考案された、密教の瞑想法です。無になることを目的とする禅宗の坐禅とは違い、大日如来＝宇宙と一体になることをイメージする瞑想で通常、梵字の「阿《あ》」が書かれた軸の前で行います。なお、阿字観は専門的な瞑想なため、山内では基礎編としての数息観《すうそくかん》や阿息観《あそくかん》のことを、広い意味で「阿字観」と言っているようです。

読経と声明《しょうみょう》の違いは？

読経とは経を読むことですが、声明は経文にメロディをつけて唱える仏教音楽です。朝の勤行などで読経の後に急に声明が始まったりしますが、それはメロディのあるなしが大きな違い。声明には弘法大師が唐から持ち帰った真言声明と、最澄が持ち帰った天台声明の二大流派があり、高野山は南山進流声明と言います。

ライトアップされた根本大塔。
暗闇に眩しい朱色の大塔と、
星と雲が美しいハーモニー
を奏でる。

密教の聖地高野山 空海が見た夢

文＝辰宮太一　写真＝Kankan
text: Taichi Tatsumiya　photo: Kankan

高野山、空海、密教といえば、
誰もが知る言葉ですが、
それを説明するとなると、なかなか難しいのが事実。
さらに、即身成仏、胎蔵界、金剛界となると、
違う世界の話に聞こえる人もいるのではないでしょうか。
でも、大丈夫です。
高野山はどんな人でも受け入れ、
少しずつ理解できるような学びが用意されているのです。
そして、知れば知るほどハマっていく……。
ここでは、1200年の歴史を経てもなお、
日本人の心の拠りどころであり続ける高野山の姿を、
美しい四季の写真や行事のグラフでお伝えするとともに、
長年高野山を取材し続けている万象学宗家の辰宮太一さんに、
高野山をもっと楽しく知るためのお話を語っていただきました。

写真……………………Kankan

写真家。東京生まれ。ネイチャー、文化を中心に聖地、神社、仏閣を撮り続けている。神仏と鳥の写真にはとくに定評がある。著書に『伊勢神宮』写真集（書肆侃侃房）、『JTBムック伊勢神宮式年遷宮のすべて』『楽学ブックス高野山』（以上、JTBパブリッシング）、『高野山一乗院のこころとからだをととのえる精進料理』『伊勢神宮とおかげ横丁』（以上、ワニブックス）などがある。
http://www.kancam.jp

文……………………辰宮太一

東洋哲理研究家。陰陽説・五行説など東洋哲理の集大成ともいわれる万象学（ばんしょうがく）宗家。神道、仏教、道教などの信仰にも通じ、わかりやすい解説が人気。著書に『日本の大聖地』『元気をもらう神社旅行』（JTBパブリッシング）、『開運!最上のご利益がある神社』（KKベストセラーズ）など。
http://www.shin-ra.com/

密教の面白さは、ある種、ワンダー感だと思います。

中学生のころだったでしょうか、初めて密教という存在を知った時、まず引きました。恐いから近づかないでおこうと思ったのです。

雑誌か何かに出ていた数枚の写真を見て、護摩の炎で圧倒され、なにより不動明王のど迫力のお顔でど肝を抜かれたのでした。

暗いところに炎という組み合わせは、少年の私には、有り難さより恐さしか感じられなかったんです。そう、あと、とにかく明王像が恐かった……。

恐さと同時に、惹かれたのも事実です。写真しか情報のない密教は、恐いし「密」の文字が危険な香り

金堂を護る仏様。右ページの三尊は右から普賢延命菩薩、不動明王、金剛薩埵。左ページの三尊は右から金剛王菩薩、降三世明王、虚空蔵菩薩。

を放っている気がして、遠ざけたかったのでしょう。でも、何か引っかかる、どうしても目を逸らすことができなかったのです。

東京で生まれ育った私には、高野山や空海さんという存在は、縁の薄いものでした。祖父や祖母世代が、弘法大師がどうのという話をするのは知っていましたが、なんの興味も持てません。無知だったわけです。

時が経ち、意味を知る機会が増えると、とてつもない理論が構築されている世界だとわかってきました。

もう、興味千倍です。いったんハマると、まるで恋をするかのように、もう、知りたくて触れたくて、本を読みまくりました。

カッコいいんですよ、密教って。

そんなことを思い出し、私は考えてみました。密教が日本に入り、密教寺院が建立され、広まっていったころ、人々はどう感じたでしょう。

当時は現代のような社会とはまったく違います。スマホはもちろん、電気も車も自転車も冷蔵庫も、水道すらありません。移動はほぼ徒歩。ちょっと遠出するだけで生命の危機まで考えなければならないほど、じつはリスキーな社会だったでしょう。病院などもない時代、生きることそのものが大変なことでした。

今は無信仰でもまったく何も問題なく過ごせる安心

安全の世の中ですが、もしかすると当時は、神仏への信心がないと、生きることそのものが成り立たないほどだったのかも知れません。信仰というものが、心のライフラインと言えるほど重要だったようにも思えるのです。

また、昔の信仰は、たぶん、娯楽的な要素も大きかったと思います。神道では正月や各季節のお祭りという大イベントがあり、仏教ではお彼岸とお盆の法要という大イベントがありました。

神道のお祭りの主体は、いわば現実の生活そのもの。五穀豊穣への祈願と感謝です。仏教の法要は、精神面では欠かせない、先祖への

奥之院燈籠堂で行われる萬燈会（まんどうえ）。座主を中心に、若い僧侶たちの読経や声明の声が響く。

感謝や守護、加護を願うというイベントです。

このあたり、今の感覚では、むしろ面倒だという人も少なからずいることではないでしょうか。しかし、当時の、それこそ何もない時代です。このように、スケジュール通りに毎年やって来るイベントは、いわばフェスティバルです。

そんな背景を考えながら、密教伝来を見てみましょう。

空海や最澄の伝えた密教には、当時とすれば、超刺激的なイベントがマックスに取り揃えられていたと思うのです。

まずなにより、極彩色《ごくさいしき》の曼荼羅《まんだら》や仏画の登場です。そして、黄金や原色の見たことのない仏像。僧侶の衣装も派手だったことでしょう。

そして、火炎を使う護摩《ごま》です。これらは、眼に対するものすごい刺激だったはずです。

そして耳への刺激も用意されていました。それが「真言」です。

それまでのお経や祝詞といえば、漢文や、わかりやすい言葉だったでしょう。それが密教では真言になります。

真言で使われる言語は、梵語《ぼんご》、サンスクリット語です。まあ、原語というより、多少中国訛りになった梵語でしょう。にしてもです、外国語ですよ。

眼への刺激と耳への刺激が、それまでの宗教界を席巻したのです。

真言を唱え、極彩色の世界に向かい、火炎の儀式まで行う密教の法要。

これは、当時としては最先端のさらに上を行くような、超刺激的な出来事だったのではないでしょうか。たとえるなら、電気もないような静かなところに暮らす人が、初めてＵＳＪやＴＤＬに行ったような。

これだけではありません。昔の人にとって、心のライフラインとも言える信仰を、超刺激的な世界へと昇華させつつ、さらに人々の願いに大きく応えたのが、空海さんの真言密教のすごいところです。

それが、誰でも成仏できるという至高のプログラム「即身成仏《そくしんじょうぶつ》」です。

心に仏を思い、真言を唱え、印《いん》を組むことで、仏と一体になるという、素晴らしい考え方。これは、庶民にとっては有り得ない希望だったでしょうし、地位ある者にとってはぜったいに得たいと欲する宝もののように映ったことでしょう。

仏になれるかもしれないという提示。それは、あらゆる罪や恐怖から逃れるための最高の光だったことでしょう。そして地位ある人にとっては、罪から逃れるとともに、ある種の権威でもあったはずです。

もちろん、宗教心を極め、菩薩のように人々を救い導かんとする修行者たちにとっても、きらびやかなまでの引力を孕《はら》むシステムだったでしょうし、護摩の炎や真言に魅せられた行者

根本大塔の主尊、胎蔵界大日如来。黄金色に輝く美しいお姿と、その優しいまなざしで参拝する者を温かく包む。

も多かったのではないかと思います。

高野山とは、そんな刺激と魅力にあふれた、真言密教の聖地なのです。単に建物があって、仏教の聖地で、空海という人が開いて、というだけではない、とてもエキサイティングなドラマが眠る場なのです。

ただ観光だけで高野山に行くのは、なんとももったいない。高野山や真言密教、弘法大師空海に対して、もう少しだけ前のめりになれたら、さらに楽しくなるに違いありません。

天空の大聖地、高野山を開いた空海、弘法大師は、奥之院の御廟で、今なお生きているのだと伝えられて

山々の中に突如現れる大門（だいもん）の遠景。高野山の総門であり、初めて訪れた人が最初に目にする高野山のシンボル。

います。毎日、お大師さんのもとにお食事が供えられているのです。

仏教には弥勒《みろく》信仰があります。釈迦入滅後56億7000万年の後、弥勒菩薩が現れてすべてを救うのだとされる信仰ですね。その弥勒菩薩とともに、空海がお出ましになり、救済していくというのです。

ハリウッドで映画化してほしいほど、ドラマチックな世界ではありませんか。高野山にお参りすることはつまり、その信仰の真っ只中に参詣できるということです。お大師さんが今なお生きて、人々を救済していて下さる。いずれ、弥勒菩薩とともに世界を救って下さる。その、人々や世界という中には、自分も含まれ

大師教会、ご本尊の弘法大師。愛染明王と不動明王が脇侍仏として奉安されている。

ているのだと思うと、有り難さが極まっていくはずです。

　今も昔も、多かれ少なかれ、不安や怖れはあるものです。その不安や怖れを感じなくてもいい心にしていただけたら、まさに救われたということになるでしょう。

　ところで、即身成仏といえば、若いころにとにかく考えたものです。生きているこのまま、ソク成仏できる。なんて便利な考えですよね。

　ここで疑問が湧いたのです。仏になる前って？　仏になるのなら、それまでの自分って？　仏に成ったとして、それ以降の自分って？

壇上伽藍の東塔。ご本尊は尊勝仏頂尊（そんしょうぶっちょうそん）。東塔の向こうには三昧堂、大会堂、そして根本大塔も見える。

夢の中まで取り組んでみましたが、私のアタマでは答えも出ないし理解できないとわかったので、忘れることにしました。が、何年か後、突然、拍子抜けするような「答え」が降りてきたのです。

即身成仏は、その身のままで仏に成る、ではなく、「その身はすなわち仏として成り立っている」じゃないか！　仏以前も以降もなく、最初から仏だったんだと。いわば、人類すべて、世界のすべては、最初から仏だったということです。

その時、曼荼羅の意味がよくわかりました。

胎蔵界曼荼羅《たいぞうかいまんだら》などは、もう、ひと目でわかるように「一切は大日如来である」という世界観が描かれています。細かいところは置いておいて、中心の大日如来が、他のすべての仏さんの中に生き、すべての仏さんの集大成が大日如来なのだと、感覚的にわかるように描かれているのです。

密教の中心は大日如来です。そして、あらゆる世界は、大日如来が変化《へんげ》した姿なのだと説きます。即身成仏の意味とは、その教えそのものだったのです。この世に仏でないものはないのです。

空海は『即身成仏義』の中で、このように書いています。

法然具足薩般若
心数心王過刹塵
各具五智無際智
円鏡力故実覚智

少し強引に意訳してみれば、人は最初から真理の中にいて、真理によって生きているのだから、人という姿や心はそもそも真理だと。いわば、真理が鏡に映ったようなものだと。

人はすでに、最初から悟っているのだというのです。

仏教、密教、そして空海、畏るべしです。

しかし、最初から悟っていて、仏であるはずなのに、人は「本来の自分」を知りません。そこで「即身成仏」です。即身成仏とは、仏であるはずの自己を認識し、仏として自覚することなのです。

空海はそのための実践トレーニング法を用意しました。即身成仏を叶えるためのトレーニングが「身《しん》、口《く》、意《い》」の三密《さんみつ》という修法です。三密とは、身体で印を組み（身密《しんみつ》）、口で真言を唱え（口密《くみつ》）、観想により心に仏をあらわす（意密《いみつ》）こと。この三密のプログラムによって、自己が仏であることを自覚できるというのです。

そして、即身成仏へ向けたテキストが経典であり曼荼羅です。

金剛界曼荼羅《こんごうかいまんだら》は、たぶん、最強の参考書です。大日如来の働きを学び身につけるための。

ある働きとしてお出ましになる時はこんな姿形で、こんな姿の時はこう働いているのだと、金剛界曼荼羅は語っているのです。

胎蔵界（たいぞうかい）曼荼羅。中台八葉院を中心にして12の院からなる。（一乗院所蔵）

自分が仏であることを思い出すために、自分という仏に出会うために、高野山という道場が作られたのかも知れません。

ふたつ、あなたにプレゼンしましょう。

まずひとつ目。空海さんのお手伝いをしてみませんか？

じつは、空海はこんな言葉を残しています。「虚空《こくう》尽《つ》き、衆生《しゅじょう》尽き、涅槃《ねはん》尽きなば、我が願いも尽きなん」と。

世界がなくなり、生命がなくなり、悟りの場すらもなくなったとき、初めて自分の願いもなくなるというのです。逆に言えば、世界があるうちは、自分の願いは尽きないということ。

金剛界（こんごうかい）曼荼羅。九会曼荼羅とも呼ばれ、
9つの悟りを示す段から構成される。（一乗院所蔵）

その願いの成就を、お手伝いするのです。難しいことではありません。あなたが出会う人に、まず笑顔で接し、挨拶をし、感謝する。そんなことでもいいのです。少しだけ、微細なことでも、人を幸せにする努力をするのです。

奥之院の御廟にお参りし、空海さんのおそばに立つ時、あなたと空海に、差はありません。よくいわれる同行二人の信仰も、奥之院の御廟橋まで参詣者を見送ってくださるという信仰も、空海と衆生に差がないことを示していること。

ここまで示されているのですから、礼儀をもって心から親しみ、今は動けぬ空海の代わりに、また仏たちの代わりに少しでもあなた

の周囲の役に立つことが、その御心にかなう生き方になると思います。

ふたつ目です。高野山に参詣する時、ぜひとも、昔の人の感覚になり切ってみて下さい。

想像するのです。スマホも電気もなく、乗り物もないから徒歩。きらびやかな仏像などは見たことがないのだと……。

じっさいにスマホは家に置いてきて、徒歩だけで行けとはいいません。いわば、そういう「設定」の中に、自分を置くのです。そうすれば、きっと、高野山という世界から、何倍ものワンダーを感じられるはずです。

そんな設定の中で、改めて、信仰の世界を感じてみて下さい。

金堂や大塔に入る時、手に塗香をつけて浄めること、荘厳なる密教の世界に敬意を持つこと、大塔の巨大な仏様の前で自分を空っぽにしていくこと。

今も生きている空海さんにお目にかかりに行くこと。

そして、宿坊で、写経をし、阿字観を経験し、勤行に参じること。

高野山という場、高野山という世界で経験することは、あなたの感覚を揺さぶり、気持ち良く生まれ変わるようなパワーを与えてくれることでしょう。

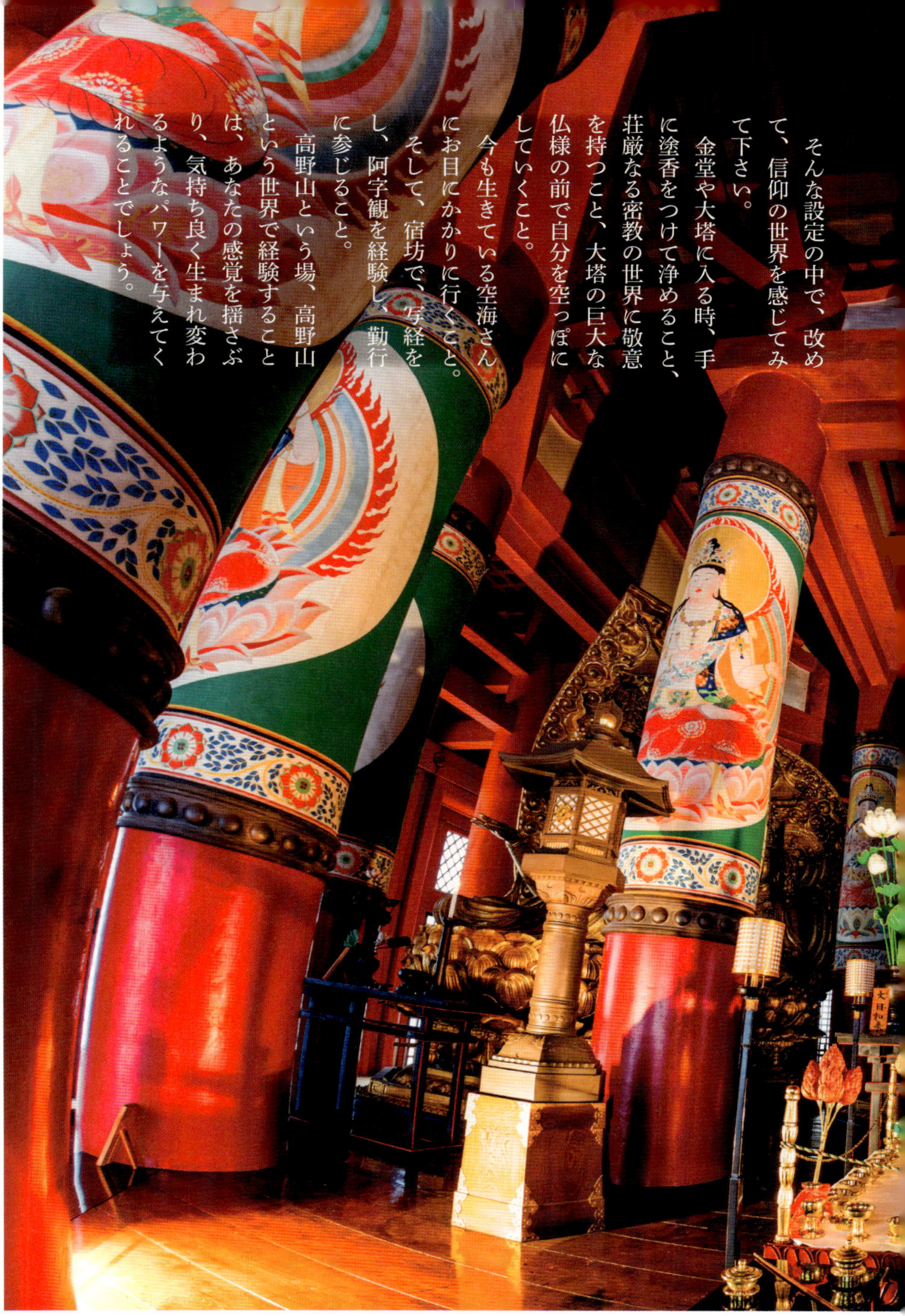

根本大塔内陣。ご本尊は胎蔵界大日如来。その周囲には金剛界の四仏、柱には金剛界の十六菩薩が描かれている。

高野山の総門、大門から出発

その昔、弘法大師をはじめ、誰もが高野山を歩いて登りました。そこで最初に現れた朱塗りの門。それが高野山の入り口である大門でした。この伝統にならい、高野山へ無事来られたことに感謝し、大門から参拝をスタートさせるのもおすすめです。

ケーブルカーも車もない時代、明治時代末期までほとんどの参拝者は高野山を歩いて登りました。山麓の慈尊院から町石道《ちょういしみち》という参詣道を登ること、約21㎞。

1日をかけてたどり着いた、大きな門。それは間違いなく、高野山のシンボルである大門だったはずです。森の中に突然現れる美しい朱塗りの門を見て、さぞかし特別な思いを抱いたことでしょう。

そんな昔のことに思いを馳せ、大門で高野山へ来ることができた感謝をし、高野山参拝をスタートするのもいいでしょう。

大門は高野山の総門。両脇には日本で2番目の巨像と言われる金剛力士像（仁王像）があります。江戸時代の仏師、康意（阿形《あぎょう》像）と運長（吽形《うんぎょう》像）による大作であり、近くで見ると、その迫力に圧倒されることでしょう。

現在の門は元禄元年（1688）に炎上後、宝永2年（1705）に再建されたもので、その後、昭和61年に弘法大師御入定1150年を記念して修復されました。五間三戸のつくりで高さは25・1mあります。

正面の聯《れん》には「日々の影向《ようごう》を闕《かか》さずして、処々の遺跡を検知す」と、書かれています。

これは、大師が毎日御廟から姿を現し、各地をまわって人々を助けるという、お遍路さんでも知られる「同行《どうぎょう》二人《ににん》」の信仰です。

なお、晴天の日はここから淡路島までが展望できるそうです。

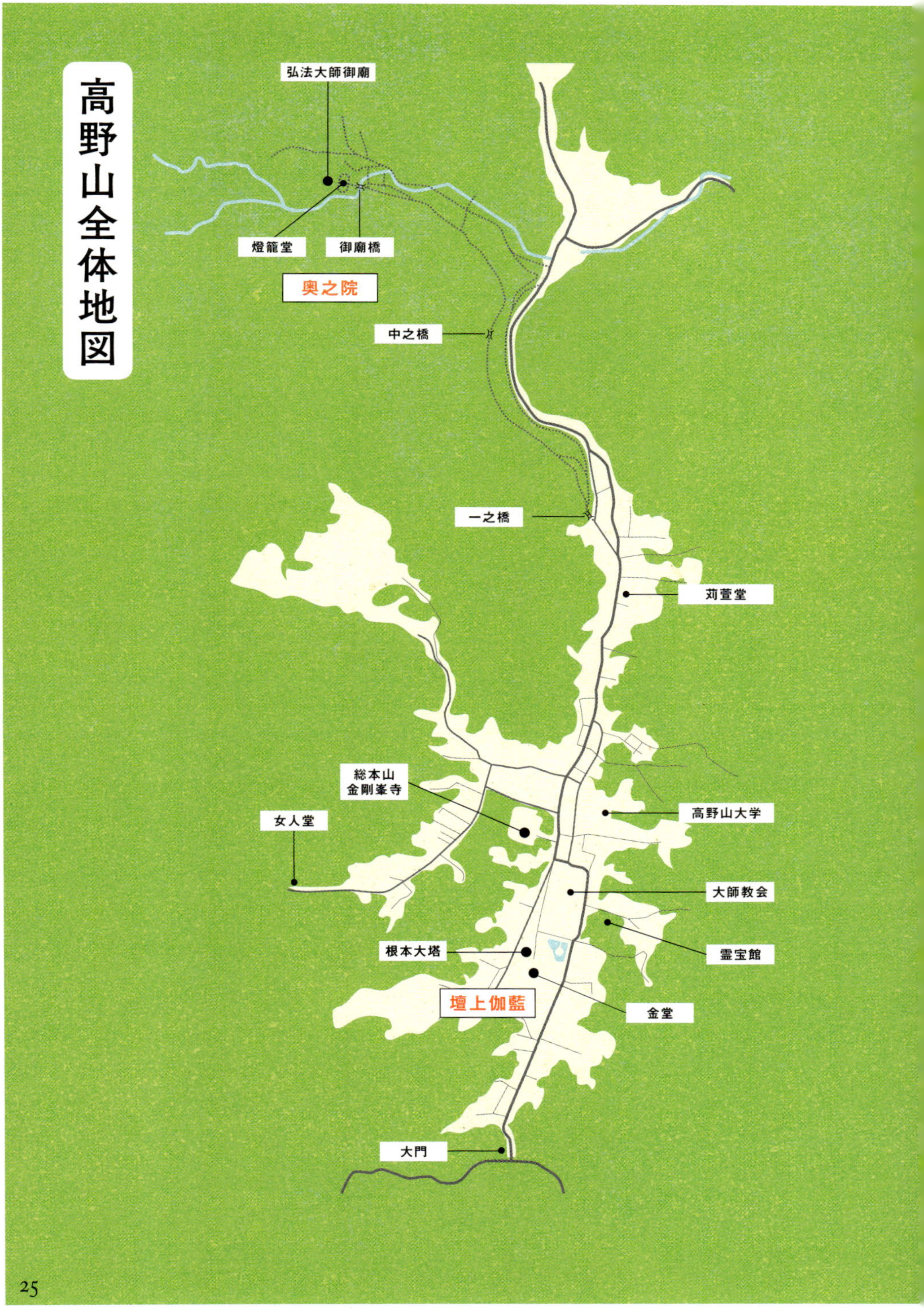
高野山全体地図
弘法大師御廟
燈籠堂
御廟橋
奥之院
中之橋
一之橋
苅萱堂
総本山
金剛峯寺
女人堂
高野山大学
大師教会
霊宝館
根本大塔
壇上伽藍
金堂
大門

日本が誇る修行の町 壇上伽藍の歩き方

壇上伽藍はたくさんのお堂が点在する、いわば高野山の核の部分。
高野山の総本堂である金堂をスタートに、数々のお堂を参拝してみましょう。
順路はどのように巡るのも自由ですが、古来高野山に伝わる「両壇遶堂次第《りょうだんにゅうどうしだい》」にならい、
ほぼ時計回りに参拝するコースもあります。

壇上伽藍 両壇遶堂次第の紹介コース

中門	金堂	登天の松と杓子の芝	六角経蔵	御社	山王院	西塔
孔雀堂	逆指しの藤	准胝堂	御影堂	三鈷の松	根本大塔	対面桜
大塔の鐘・高野四郎	愛染堂	不動堂	勧学院	蓮池	大会堂	三昧堂
東塔	智泉廟	蛇腹道	六時の鐘			

01. 中門

02. 金堂
薬師如来真言
オン コロコロ センダリマトウギ ソワカ
阿閦如来真言　オン アキシュビヤ ウン

03. 根本大塔
大日如来（胎蔵界）真言
アビラウンケン

04. 御社
明神宝号
南無大明神（なむだいみょうじん）

05. 山王院

06. 不動堂
不動明王真言
ノウマク サンマンダ バザラ ダン
センダ マカロ シャダ ソワタヤ ウン タラタ カンマン

07. 大塔の鐘・高野四郎

08. 六角経蔵
釈迦如来真言
ノウマク サンマンダ ボダナン バク

09. 孔雀堂
孔雀明王真言
オン マ ユラギランデイ ソワカ

10. 准胝堂
准胝観音真言
オン シャ レイソレイ ソンデイ ソワカ

11. 御影堂
御宝号
南無大師遍照金剛

12. 愛染堂
愛染明王真言
オン マカラギャ バゾロ シュニシャ
バザラ サトバ ジャク ウン バン コク

13. 大会堂
阿弥陀如来真言
オン アミリタテイゼイカラウン

14. 三昧堂
大日如来（金剛界）真言
オン バザラ ダト バン

15. 西塔
大日如来（金剛界）真言
オン バザラ ダト バン

16. 東塔
尊勝仏頂陀羅尼小呪真言
オン アミリタテイジャ バチ ソワカ

17. 智泉廟

18. 蛇腹道

19. 蓮池

20. 六時の鐘

21. 三鈷の松

22. 登天の松と杓子の芝

23. 逆指しの藤

24. 対面桜

25. 高野山大師教会
御宝号
南無大師遍照金剛

26. 勧学院

27. 霊宝館

壇《だん》上《じょう》伽《が》藍《らん》にお参りする

高野山の二大聖地、奥之院と壇上伽藍。弘法大師・空海が高野山を開創した際に、まず一番にお堂を建てた場所です。壇上伽藍には金堂、根本大塔のほか、西塔、東塔、御社などがあります。

大門を出発して約1㎞ほど歩くと、もう一つ大きな朱塗りの門、中門《ちゅうもん》が見えてきます。そしてこの門をくぐると、金堂を正面に壇上伽藍の聖域に入ることを意味します。

壇上伽藍は大師が眠る奥之院とともに、高野山の二大聖地と呼ばれる場所。１２００年前、弘法大師は真言密教の修行道場として、まず最初にここに小さなお堂を建てました。

高野山全体を大きな寺院と見立てたとき、壇上伽藍はその境内地の核にあたる場所となり、諸堂の配置は曼荼羅《まんだら》の世界を表しているとも言われています。

現在は金堂《こんどう》、根本大塔《こんぽんだいとう》をはじめ、高野山の守護神を祀る御社《みやしろ》、西塔や東塔、不動堂や孔雀堂など密教思想に基づいた塔やお堂が並んでいます。

建立された時期がすべて異なり、伽藍のそれぞれの建物に歴史があるほか、植栽一つひとつに逸話があるのも興味深いところです。

特筆すべきは、１２００年の間に何度も大火で焼失しているため、ほとんどの建物が再建されていること。伽藍は山上にあるため、昔から落雷や山火事が多かったのです。また、ほとんどが木造の建物のために類焼しやすく、一つの火事で多くの寺院や仏像が消失したこともよくありました。

参拝はまず金堂へ。その後、諸堂を巡るのですが、順路は自由です。

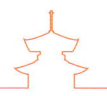

01 中《ちゅう》門《もん》

金堂の正面一段低いところにある楼門。大門から続く壇上伽藍の入り口になっていて、ここから入るのが正式です。天保14年（1843）に消失したまま再建できなかったのですが、平成27年（2015）、開創1200年を機に170年ぶりに再建されました。これにより、壇上伽藍の建物がすべて揃いました。

持国天《じこくてん》、多聞天《たもんてん》は以前からここに祀られていたものを保存修理。広目天《こうもくてん》、増長天《ぞうちょうてん》は再建されたときに仏師・松本明慶《みょうけい》氏により新造され、四天王として壇上伽藍を守護しています。

中門を護る四天王

東西南北を守護して高野山の聖域を護る四天王。足元には邪鬼が踏みつけられている。

1. 持国天《じこくてん》
東方を護る仏教の守護神。持国とは治国（じこく）の意味もあるとされる。中門の持国天は右手に刀を持ち、仏敵を威嚇している。

2. 多聞天《たもんてん》
北方を護る仏教の守護神。中門の多聞天は右手に鉾、左手に宝塔を持つ。夜叉（やしゃ）や羅刹（らせつ）を率いて仏法を護る。別名、毘沙門天（びしゃもんてん）とも呼ばれ、七福神でもあり、福徳を司る神としても信仰されている。

3. 広目天《こうもくてん》
西方を護る仏教の守護神。広目＝遠くまでを見渡す目を持つ。中門の広目天は右手に筆、左手に巻物を持ち、龍を従えて悪人を罰し、仏心を起こさせる。仏師によれば、胸に止まったセミは大きく目を開いた気迫が、耳で聴いても伝わるようにとの意味があるという。

4. 増長天《ぞうちょうてん》
南方を護る仏教の守護神。中門の増長天は左手に戟（げき）を持つ。仏師によれば、胸に止まったトンボは、前へ飛んで後へは引かず、断じて悪を通さないという意味があるという。

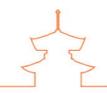

02 金堂《こんどう》

拝観時間 8:30〜17:00
拝観料金 一般200円

金堂は高野山の総本堂

弘法大師・空海によって弘仁10年（819）に建てられたもので、初めは講堂と呼ばれていました。高野山一山の総本堂であり、重要な行事が行われています。

創建以来、何度も焼失しているため、現在の建物は7度目の再建。昭和7年（1932）に完成したものです。創建当時は檜皮葺《ひわだぶき》でしたが、今は耐震耐火のために鉄筋コンクリート構造になっています。

ご本尊は高村光雲作の薬師如来（秘仏）。ご本尊は阿閦《あしゅく》如来とも言われていますが、昭和元年（1926）に金堂が焼失してしまったため、それまでの本尊が薬師如来だったか、阿閦如来だったかは永遠の謎となりました。ただ、開創当時の平安時代初期につくられた坐像であるということは伝わっています。

一方、ご本尊を護る脇侍仏《きょうじぶつ》は焼失前の写真が残っていたため、忠実に再現されています。向かって右側には、普賢延命菩薩、不動明王、金剛薩埵。左側には虚空蔵菩薩、降三世明王、金剛王菩薩がご本尊を守ります。

また、右には胎蔵界曼荼羅《たいぞうかいまんだら》、左には金剛界曼荼羅《こんごうかいまんだら》が掛けられています。この二つの曼荼羅は両界曼《りょうかいまん》荼羅《だら》と呼ばれるもので、平清盛が奉納したもの。金堂に掛けられているものはそのレプリカです（本物は重要文化財となっており、霊宝館にあります）。

金堂の内陣。ご本尊は薬師如来(秘仏)、または阿閦(あしゅく)如来とも言われています。平成27年(2015)、開創1200年を記念して、史上初となるご本尊の特別開帳が行われました。

金堂を護る仏様たち

秘仏のご本尊の左右を固め、金堂を護る脇侍仏が左右に各三尊ずついらっしゃいます。密教ならではの美しい彩色に彩られたそのお姿を、ぜひとも参拝されることをおすすめします。

高野山一山の総本堂である金堂を護《まも》る、ご本尊の左右にそれぞれ三体の諸尊が安置されています。

ご本尊に向かって右側には、右から普賢延命菩薩《ふげんえんめいぼさつ》、不動明王《ふどうみょうおう》、金剛薩埵《こんごうさった》が並びます。

普賢延命菩薩は寿命を延ばし、福徳を与えるといわれる仏様。六本の牙を持つ四頭の白象に乗り、象の上にはさらに四天王が乗っています。

憤怒相《ふんぬそう》の不動明王は「お不動さん」とも親しまれ、五大明王の一尊で中心的な存在。右手には金剛の叡智と力の象徴の剣、左手には説法に耳を貸さない愚か者を縛って帰順させる縄を持っています。

金剛薩埵は大日如来の教えを引きついだ真言八祖の第二祖とされ、真言密教では重要な役割を持つ仏様。右手に五鈷杵《ごこしょ》、左手に五鈷鈴《ごこれい》を持っています。

一方、ご本尊に向かって左側は右から金剛王菩薩《こんごうおうぼさつ》、降三世明王《ごうざんぜみょうおう》、虚空蔵菩薩《こくうぞうぼさつ》です。

金剛王菩薩は金剛薩埵とともに、阿閦如来《あしゅくにょらい》の四親近菩薩《ししんごんぼさつ》のうちの二菩薩と言われ、ご本尊である阿閦如来と縁がある菩薩です。

また、降三世明王の「三世」とは過去、現在、未来を表します。足下に踏んでいるのは、仏の教えに従わない神々の王シヴァア神とその妃ウマーです。

虚空蔵菩薩は智恵の菩薩であり、宇宙のような無限の智恵を持ち、記憶力をアップさせる菩薩として知られています。たとえば、弘法大師が室戸岬の洞窟で修した「虚空蔵求聞持法《こくうぞうぐもんじほう》」は、あらゆる教典を記憶する修法と言われています。

金剛薩埵（こんごうさった）

不動明王（ふどうみょうおう）

普賢延命菩薩（ふげんえんめいぼさ

虚空蔵菩薩（こくうぞうぼさつ）

降三世明王（ごうざんぜみょうおう）

金剛王菩薩（こんごうおうぼさつ）

03
根本大塔《こんぽんだいとう》

拝観時間
8:30〜17:00

拝観料金
一般200円

壇上伽藍の中心的道場

　弘法大師が真言密教を広めるため、日本の国の柱として建設した日本最初の多宝塔。高野山全体が真言密教の修行道場であり、その根本の道場としてシンボルとなっているのが根本大塔です。

　ご本尊は、美しい黄金色に輝く胎蔵界大日如来《たいぞうかいだいにちにょらい》。まわりには金剛界の四仏《しぶつ》（阿閦《あしゅく》如来、宝生《ほうしょう》如来、阿弥陀《あみだ》如来、不空成就《ふくうじょうじゅ》如来）が祀られ、さらにそのまわりの朱漆の柱には堂本印象による十六大菩薩が描かれています。これは密教世界を堂内で再現したという立体《りったい》曼荼羅《まんだら》を表しているのです。

　金堂落成の後、816年から887年頃に完成。空前の巨大建造物であったため大師の在世中には完成せず、出来上がったのは直弟子である二代目の真然大徳の代になります。

　高さは約48・5m。現在の大塔は昭和12年（1937）の完成でコンクリート製です。

　昔は木造のため、何度も落雷や火災で焼失しましたが、平清盛、豊臣秀吉、徳川家光など時の権力者が復興をしてきました。

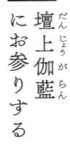

ご本尊の胎蔵界大日如来。宝冠には梵字のアーンクが輝く。

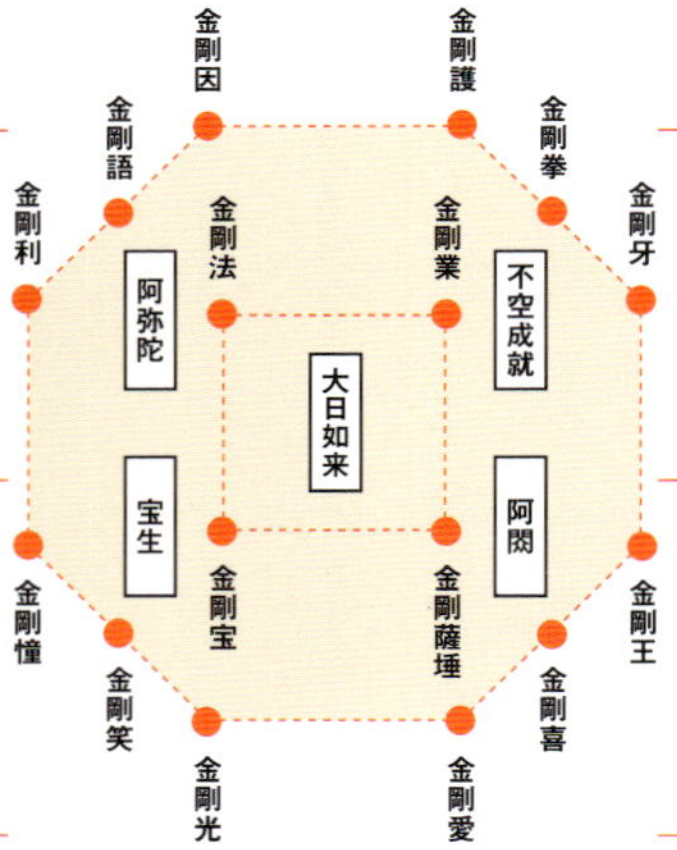

左は根本大塔内陣。中央にご鎮座するご本尊、胎蔵界大日如来を中心にして、まわりには金剛界の四仏（阿閦如来、宝生如来、阿弥陀如来、不空成就如来）。そして、そのまわりの柱には金剛宝菩薩、金剛法菩薩、金剛愛菩薩、金剛光菩薩など十六大菩薩が描かれています。

金明光菩薩

04 御社《みやしろ》

大師が山麓の天野にある丹生都比売《にうつひめ》神社から勧請《かんじょう》し、高野山の守護神として祀ったのが御社です。三宮の社殿があり、一宮は丹生明神、二宮は高野明神、三宮は十二王子・百二十伴神が祀られています。丹生明神は別名、丹生都比売大神と言い、天照大御神の妹神である稚日女命《わかひるめのみこと》。大師に神領である高野山を授けた神様です。創建は弘仁 10 年（819）で、文禄３年（1594）の再建。

05 山王院《さんのういん》

御社の拝殿として建立された建物。丹生明神を地主の神「山の神」（山王）として礼拝しています。山王院は山内の僧侶が、明神様へ「学道」を奉納する場所でもあります。毎年行われる竪精《りっせい》論議、御最勝講《みさいしゅうこう》では密教に関する問答がなされ、審判を下す「御領解《おりょうげ》」があり、法会が締めくくられます。現在の建物は文禄３年（1594）の再建。

06 不動《ふどう》堂

壇上伽藍では最も古い建物で国宝。建久８年（1197）、鳥羽法皇の皇女である八條女院《はちじょうにょいん》発願により、行勝上人が建立した「一心院」が前身で、現在の建物は14世紀前半に再建。一心院谷にあったものを、明治末期に伽藍に移築しました。行勝上人作と伝えられる不動明王がご本尊。侍立する八大童子《はちだいどうじ》（仏師・運慶の作）が奉安されました。

07 大塔の鐘・高野四郎《こうやしろう》

大師が鋳造を発願され、真然僧正の時代に完成。現在の銅鐘は天文16年（1547）のもので、直径2.12mの大鐘。当時の日本で４番目に大きな鐘だったことから、「高野四郎」とも呼ばれるようになりました。

08 六角経蔵《ろっかくきょうぞう》

鳥羽法皇の皇后であった美福門院《びふくもんいん》が、鳥羽法皇の菩提を弔うために建立された経蔵。紺色の紙に金泥《きんでい》で浄写された、あらゆるお経千巻が納められています。紺紙金泥一切《こんしきんでいいっさい》経《きょう》、美福門院経とも呼ばれています。経蔵の基壇付近には把手《とって》がついていて、回すことができます。一回りすれば一切経を一通り読経した功徳が得られると言われていますが、紺紙金泥一切経は現在、霊宝館に収蔵されています。

09 孔雀堂《くじゃくどう》

後鳥羽法王の御願により、東寺の延杲《えんごう》僧正が祈雨の修法を成就。その功績により、正治元年（1199）に高野山に孔雀堂が建立。翌年ご本尊、孔雀明王（仏師・快慶の作）が安置されました。孔雀明王は毒蛇や害虫を食する孔雀の偉力が神格化され、毒や災害を除き安楽を与える神。5度の火災をくぐり抜け、現在は霊宝館に安置されています。

10 准胝堂《じゅんていどう》

ご本尊は准胝観音。得度の儀式を行う守り本尊として大師自らが彫り、当初は食堂《じきどう》に安置されました。天禄4年（973）頃に堂が建立されて移動。その後、幾たびの大火で焼失し、現在の建物は明治16年（1883）に再建したもの。ご本尊のほかにも如意輪観音、弥勒菩薩が祀られ、天野神社（丹生都比売神社）から移した鎌倉時代末期の愛染明王二体が併祀されています。

11 御影堂《みえどう》

ご本尊は弘法大師。真如《しんにょ》親王が描かれた御入定前の大師御影を中心に、外陣には十大弟子の肖像が大師を守護するかのように掛けられています。当初は大師の持仏堂として創建。後に大師の御影を祀りました。最重要聖域であり、堂内に入れませんでしたが、近年、旧暦3月21日に行われる「旧正御影供」の前夜、御逮夜法会《おたいやほうえ》の後に、一般参拝（外陣）が許可されています。

12 愛染堂《あいぜんどう》

建武元年（1334）、後醍醐天皇の命により、天下太平や天皇のご健勝を祈るために建立。ご本尊は愛染明王《あいぜんみょうおう》。後醍醐天皇の等身大と言われています。愛染明王は煩悩や愛欲といった本能を、向上心に変えて仏道に導いてくださる仏様です。現在の建物は嘉永元年（1848）の再建。

13 大会堂《だいえどう》

鳥羽法皇の皇女、五辻斎院《ごつじさいいん》が、鳥羽法皇の菩提を弔うために建立。西行法師が五辻斎院にすすめ、長日不断談義《ちょうじつふだんだんぎ》の学堂として伽藍に移築。その後、壇上で大法会があるときに集会する場所となり、大会堂と呼ばれるように。ご本尊は阿弥陀如来。脇侍仏には観世音菩薩、勢至《せいし》菩薩が祀られています。

14 三昧堂《さんまいどう》

ご本尊は金剛界大日如来。諸堂の中では一番小さい堂宇になります。金剛峯寺の済高座主《さいこうざす》が延長７年（929）に建立し、「理趣三昧《りしゅざんまい》」という儀式を行っていたため、三昧堂と呼ばれるように。もとは総持院《そうじいん》境内にありましたが、西行法師が壇上に移して修造しました。

15 西塔《さいとう》

仁和2年（886）、大師の御入定後に光孝天皇の勅命で真然大徳が建立。大師の伽藍建立のための計画案『御図記』に基づき、大日如来の密教世界を具体化したものが西塔です。根本大塔は胎蔵界の大日如来、金剛界の四仏を祀っていますが、西塔は金剛界の大日如来と胎蔵界の四仏が祀られています。根本大塔と二基一対となるような重要な多宝塔です。根本大塔と同じように、まわりの柱には堂本印象による十六大菩薩が描かれています（非公開）。高さ27.27m。現在の建物は天保5年（1834）に再建されました。

16 東塔《とうとう》

大治2年（1127）、白河上皇の御願により醍醐三宝院勝覚権僧正《だいごさんぼういんしょうかくごんのそうじょう》が創建。ご本尊は尊勝仏頂尊《そんしょうぶっちょうそん》。白河上皇等身大の仏様で、脇侍仏として不動明王と降三世《ごうさんぜ》明王も祀られています。昔は蛇腹道から入ってすぐの場所に建っていましたが、天保14年（1843）に焼失。それからは礎石のみが残っていましたが、昭和59年（1984）に、大師御入定1150年御遠忌を記念して140年ぶりに再建されました。

17 智泉廟《ちせんびょう》

大師の甥である智泉大徳《ちせんだいとく》の廟《びょう》。大師が入唐したときも随従し、大師門下第一の秀才と呼ばれました。将来が期待されていましたが、37歳の若さで入寂。大師は「天命なり天命なり」と大変悲しまれ、お墓を築かれたのでした。東塔の東、木々の中にある小さな廟です。

18 蛇腹道《じゃばらみち》

金剛峯寺側の壇上伽藍入り口から東塔付近までの小道。大師は壇上伽藍を頭、現在の蓮花院までを龍が臥している姿にたとえました。ちょうどこの小道が龍のお腹付近にあたるため、「蛇腹道」と呼ばれるように。また、大師が竹ぼうきで蛇を払ったという伝承もあります。

20 六時《ろくじ》の鐘《かね》

金剛峯寺側にある壇上伽藍の入り口付近にある鐘楼。高い石垣に囲まれ、午前6時から午後10時まで偶数時に、山内に時刻を知らせています。元和4年（1618）、福島正則が父母の菩提を弔うために建立。寛永7年（1630）に焼失したため、寛永12年（1635）に息子の正利が再建しました。

19 蓮池《はすいけ》

江戸時代後期、民衆が干ばつに苦しんでいたとき、明和8年（1771）、慈光《じこう》という僧侶が善女竜王《ぜんにょりゅうおう》像と仏舎利《ぶっしゃり》を寄進。蓮池の中島に祠を建立してお祀りすると、雨が降ったといいます。平成8年（1996）に修復。昭和の頃まで美しい蓮が咲いていたため、この名前に。

伝説を持つ 壇上伽藍の木々たち

21 三鈷《さんこ》の松《まつ》

大師が唐より帰国される際、真言密教を広めるにふさわしい場所を求め、唐の明州の浜より日本に向けて三鈷杵と呼ばれる法具を投げました。その後、高野山付近を訪れたとき、狩場明神（P60参照）から光を放つ松の話を聞き、その松に行ってみると、唐から投げた三鈷杵が木にひっかかっているのを見つけました。大師は、この地こそ真言密教を広げるのにふさわしいと決心し、真言密教の修行道場と定めたのでした。それ以来、この松は「三鈷の松」と呼ばれています。松の葉はふつう２本に分かれていますが、不思議なことにこの松だけは３本に分かれたものがあり、それをお守りとして持って帰る人もいるそうです。

22 登天《とうてん》の松《まつ》と杓子《しゃくし》の芝《しば》

金堂の西側にある松の木。久安５年（1149）、明王院の如法《にょほう》上人が、この松より弥勒菩薩の浄土へ昇天されました。それを見た弟子の小如法が、後を追って慌てて昇天。小如法は杓子《しゃくし》を持っており、昇天する際に松の周辺の芝に落ちたことから、この場所を「杓子の芝」と呼ぶようになりました。

登天の松と杓子の芝。
金堂の西側に位置する。

金堂と御影堂の間にある、
三鈷の松。

23 逆指《さかさ》しの藤《ふじ》

平安時代の高僧・祈親《きしん》上人が高野山へ登った際、大火で復興できずにいた荒廃した山内を悲しみます。そして、高野山を復興することを誓い、願掛けとして藤の木を逆さに植えました。不思議なことに、しばらくして藤は芽生え、再興の兆しが見えたと言います。今では祈親上人は高野山再興の功労者と知られ、大師の生まれ変わりとして、多くの人々から慕われました。なお、奥之院燈籠堂《とうろうどう》にある、900年近く灯されている「消えずの灯明」は、祈親上人がつけた灯明として有名です。

逆指しの藤。
孔雀堂の裏側の
分かりにくい場所にある。

三昧堂を修造した西行法師が、
記念として手植えした西行桜。
三昧堂の前にある老樹です。

金堂と中門の間にある、
対面桜。

24 対面桜

久安５年（1149）、平清盛は落雷で焼失した根本大塔を再建。高野山を訪ねた折、根本大塔の南にあった大きな桜の前で老僧に出会います。老僧は大塔修造を喜びましたが、悪行を正すようにと戒めました。そして姿を消したということです。清盛は大師に違いない、と思ったそうです。この出来事から大師との「対面」があったということで、対面桜と呼ばれています。桜は逆指しの藤と同じく、祈親上人が植えたものとされています。

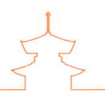

25 高野山大師教会《こうやさんだいしきょうかい》

高野山真言宗の布教総本部。シンボルとなる大講堂は、桁行《けたゆき》26.3m、梁間《はりま》27.2m の大きな建物です。ご本尊は弘法大師。脇仏には愛染明王、不動明王が祀られています。大正 14 年（1925）に高野山開創 1100 年記念として建てられたもので、毎年の法会や儀式、全国詠歌大会、宗教舞踊大会が開催。各種研修会や講習会も行われています。大講堂の奥には授戒堂があり、「菩薩十善戒《ぼさつじゅうぜんかい》」という仏教的な教えを授かることができます。

27 霊宝館

高野山にある貴重な仏像、仏画などを保護し、収蔵する宝物館です。明治 21 年に火事で山全体が焼け、高野山が守ってきたものを集中的に守ろうと、大正 10 年に完成。宇治の平等院鳳凰堂を模してつくられました。【開館時間】5 ～ 10 月は 8:30 ～ 17:30、11 ～ 4 月は 8:30 ～ 17:00（入館は閉館の 30 分前）【拝観料】一般 600 円／高校生・大学生 350 円／小学生・中学生 250 円【休館日】年末年始

26 勧学院《かんがくいん》

一般は非公開。北条時宗が学道修練の道場として金剛三昧院内に建立し、文保 2 年（1318）に後宇多法皇の院宣で現在地に移され、総本山の管轄になりました。毎年、勧学会《かんがくえ》が行われ、僧侶としての作法やしきたり、問答など学道修練を行っています。建物は文化 13 年（1816）に再建。

総本山金剛峯寺《こんごうぶじ》にお参りする

南北約64mの金剛峯寺の主殿。ほかに奥殿、別殿、新別殿などがある。一山の総本山として威厳のある存在で、総坪数48,295坪。拝観時間は8:30〜17:00（16:30最終受付）、拝観料は一般500円、小学生200円、未就学児無料。

高野山全体の宗務一切を司る、総本山金剛峯寺。この住職は座主《ざす》と呼ばれ、金剛峯寺内には大きな主殿をはじめ、座主の居間や数々の部屋、経蔵や護摩堂、阿字観道場、茶室などもあります。

奥之院の弘法大師御廟を信仰の中心として結成された高野山真言宗3600寺、信徒1000万人の総本山。それが「金剛峯寺」です。高野山全体の宗務一切を司っています。

もともとは文禄2年（1593）に豊臣秀吉が母親の菩提を弔うために寄進した青巌寺《せいがんじ》が前身。

高野山では中世以前から、密教の研究や祈祷に専念する学侶方《がくりょかた》、寺院経営や諸堂の管理をする行人方《ぎょうにんかた》、全国に布教・勧進する多くの僧の聖方《ひじりかた》の三派でなっていましたが、明治元年（1868）に青巌寺を金剛峯寺に改号。翌年に三派が合併して総本山となりました。

それ以降、「金剛峯寺」の住職は座主《ざす》と呼ばれ、高野山真言宗管長が就任することになっています。金剛峯寺は独立した一つの寺院で座主の住居であり、山内全体を統轄するという伝統が今でも残っています。

主殿のご本尊は弘法大師。大広間の中、持仏間に祀られ、歴代天皇御尊儀の位牌や歴代座主の位牌を併祀しています。

主殿はたび重なる火災によって焼失したため、現在の主殿は文久3年（1863）に再建されました。檜皮葺の屋根には「天水桶《てんすいおけ》」という桶がおかれていますが、これは火災が発生した際に桶の水をまいて湿らせることで、火の粉が飛んできても燃え移らないようにするためのものです。

01 正門《せいもん》

金剛峯寺前駐車場から境内に入る門。正門は金剛峯寺の中で一番古い建物で、文禄２年（1593）に再建されました。今では多くの人々が通っていますが、昔この門は正面から出入りできるのは天皇・皇族、高野山の重職だけでした。今でも一般の僧侶は右側にある小さなくぐり戸から出入りします。

02 大広間と持仏間《じぶつま》

２月の常楽会《じょうらくえ》など重要な儀式や法会が行われる大広間。美しい鶴や松のふすま絵は、狩野元信《かのうもとのぶ》の筆と伝わります。正面奥には持仏間《じぶつま》＝仏間があり、ご本尊は弘法大師。両側には歴代天皇御尊儀の位牌や歴代座主の位牌をお祀りしています。

03 柳《やなぎ》の間《ま》

文禄４年（1595）、豊臣秀吉に追放された豊臣秀次が自害したという別名「秀次自刃《じじん》の間」。建物は当時のものでなく再建。ふすま絵は山本探斉《やまもとたんさい》の筆。

04 新別殿《しんべつでん》

169畳の大広間。昭和59年（1984）、弘法大師御入定1150年御遠忌大法会の際、参詣者の接待所として新設されました。現在も休憩所としてお茶をいただけるほか、僧侶の法話も随時行われています。

05 蟠龍庭《ばんりゅうてい》

広さは2,340㎡で花崗岩は140個あり、新別殿と同じく弘法大師御入定1150年御遠忌大法会の際に造園。国内最大級の石庭と言われ、四国産の青い花崗岩で「龍」を、京都の白い砂で「雲海」が表現され、雲海の中で、雄雌一対の龍が奥殿を守っているように見えます。

06 阿字観道場《あじかんどうじょう》

蟠龍庭の中にあり、一般でも阿字観（密教の瞑想法）体験ができる場所。週に4日、1日に4回ほど実施され、金剛峯寺の僧侶から直接指導していただけます。申し込みは拝観窓口にて（予約不可）、1,000円。建物は金剛峯寺第401世座主・中井龍瑞《なかいりゅうずい》大僧正の発願と寄進により、昭和42年（1967）に建立。

07 書院上壇《しょいんじょうだん》の間《ま》

天皇・上皇が謁見や応接に使用されていた場所で、現在は重要な儀式に使用。一段上がった上々壇の間は弘法大師の影像が安置され、格天井はすべて花の彫刻が施されています。右のふすまは警護のものが隠れる「武者隠し」があり、隣の稚児の間とつながっています。

08 奥書院

皇族方のご休憩所として使用されていた場所で、上壇の間とともに、高野山最高の部屋といわれました。現在は儀式などに使用。ふすま絵は雲谷等益《うんこくとうえき》と、その息子等爾《とうじ》の筆と伝えられ、豪華なふすま絵が多い中で、墨絵が風情をかもしだしています。

09 稚《ち》児《ご》の間《ま》

上壇の間とつながる「武者隠し」の間。ここから天皇・上皇の警護をしていました。現在は旧伯爵副島家が奉納した地蔵菩薩が祀られています。ふすまの絵は狩野探斎と伝わります。

10 土室《つちむろ》（囲炉裏の間）

土室とは土壁で囲まれた部屋のこと。冬場は極寒となる高野山では、土室に囲炉裏を設けて暖をとり、保温効果を高めたといいます。囲炉裏は煙を天井から排出できます。火袋には小棚が設けられ、愛染明王様が祀られています。

11 真然廟《しんぜんびょう》

弘法大師の甥であり、幼いときから大師と高野山の発展に尽力した真然大徳僧正を祀っています。もとは真然堂という名前でしたが、昭和63年の発掘調査で骨を納めた御舎利器が発見され、真然廟となりました。

12 台所

江戸時代以降、大勢の僧侶の食事を賄ってきた場所。大きな竈《かまど》は現在も使われています。約2000人分のご飯が炊ける3つの二石釜は、1つの釜で98kgのご飯を炊くことができたそう。二石釜の上には台所の守り神、三宝荒神をお祀りしています。

奥之院御廟に参拝する

弘法大師が御入定《にゅうじょう》され、今でも大師信仰が生きる奥之院《おくのいん》御廟《ごびょう》。高野山の半分を占める長い参道には、約20万基ともいわれる墓石群が並びます。壇上伽藍とともに、二大聖地といわれる奥之院御廟へ。気持ちを引き締めて参拝します。

樹齢約1000年という杉木立の中を、御供所でつくられた大師への生身供（お食事）を持ち、毎日御廟まで運ぶ僧侶たち。

承和2年（835）、弘法大師は3月21日の寅の刻に結跏趺坐《けっかふざ》し、大日の定印を結び、そのまま御入定されました。

そして、それ以降は僧侶たちが大師への生身供《しょうじんく》（お食事）を毎日、御廟に運んでいます。弘法大師・空海は今も〝生きたまま〟私たちを見守り、救いの手をさし伸べていらっしゃるのです。

この大師御廟を信仰の源泉とし、入り口である一の橋から御廟までの約2㎞の霊域を奥之院といい、樹齢千年とも言われる杉木立の参道には、約20万基の墓石群、供養塔が並びます。

浄土宗の開祖・法然や浄土真宗の開祖・親鸞など大宗教家の墓、織田信長や明智光秀、武田信玄や上杉謙信などの武将の墓など。宗派を超え、敵味方を超えて大師のそばに眠るという寛大さが高野山の魅力であり、大師が宗派に関係なく愛される理由なのです。

　また、お遍路の姿で参拝されている人を多く見かけますが、これは無事四国遍路を終えた人にとって、奥之院は結願の報告をする満願の地だから。奥之院は修行を終えた人々がたどり着く最後の霊域でもあります。

01 護摩堂《ごまどう》

ご本尊は左が不動明王、右が弘法大師42歳の厄年に、御自ら彫ったお姿といわれる厄除大師です。祈願の護摩焚きは通常は燈籠堂で行われますが、毎月28日はこの護摩堂で護摩祈祷が行われます。

02 御供所《ごくしょ》

お大師様へお供えする毎日の生身供（お食事）を調理する場所。参詣者の奥之院への奉納も、ここで取り継ぎしていただけます。平安時代末期に弟子が御廟に奉仕するために小さな庵《いおり》を建てたのが始まりです。

03 頌徳殿《しょうとくでん》（茶所）

一般参詣者の休憩所でトイレも併設。お茶のセルフサービスもあり、ゆっくりと休憩できます。不定期ですが、僧による法話も聴けます。大正4年（1915）に高野山開創1100年を記念して建造されました。

04 玉川
奥之院を流れる玉川は修行の場であり、真冬に寒中水行が行われることもあります。また、お大師様が玉川で魚を捕って焼いて食べようとしている男から、焼かれた魚を買い、玉川に放ったら生き返ったという伝説があります。

05 嘗試地蔵《あじみじぞう》
御供所で調理したお大師様への生身供（お食事）を毎日２回、地蔵尊に味見していただいた後、御廟へ運びます。もともとは大師の食事をお世話していた弟子が御厨明神として祀られていたそうです。

06 水向地蔵《みずむけじぞう》
玉川を背にして地蔵菩薩、不動明王、観音菩薩が並びます。参詣者は亡くなった人の冥福を祈り、御供所で求めた経木（水向塔婆）をここで奉納して、水を手向け（捧げ）ます。

07 流水灌頂《りゅうすいかんじょう》
御廟を囲む三山の一つ、楊柳山を源流とする玉川。その玉川の清流に立てられた卒塔婆《そとば》は、亡くなられた方の御霊を、その清流の水で清めるためのもので、御廟橋のすぐ横にあります。

08 燈籠堂《とうろうどう》

弘法大師御廟の拝殿で、真然大徳が建立。治安３年（1023）に藤原道長によって現在のような大きな燈籠堂になりました。参詣者の奉納する燈籠は万燈を超え、堂内正面には醍醐天皇から賜った『弘法』の諡号《しごう》額、両側には十大弟子と真然大徳、祈親上人、12名の肖像が掲げられています。また、1000年近く燃え続けている「消えずの火」もあり、白河上皇が献じた白河燈、祈親上人が献じた祈親燈《きしんとう》、祈親上人の勧めで貧しい女性、お照が黒髪を売ってまで献じた祈親灯「お照の一灯」が平安の頃より燃え続けています。

09 御廟橋《ごびょうばし》

この橋から先が大師信仰の中心、御廟の霊域。写真撮影も禁止されています。板石は36枚で、橋全体を１枚として考え、金剛界の37尊を表しているとか。板石の裏にはそれぞれの仏様の象徴、種字《しゅじ》が梵字で刻まれているそうです。また、多くの人がこの橋の手前で一礼し、参拝後、帰るときに同じ場所で一礼をしますが、これは大師が参詣者をここで迎え、見送りをして下さるのだと言われています。

高野山のおもな行事と法会

開創以来、伝統の行事や儀式が今でも続く高野山。とくに、5月と10月の結縁灌頂は仏様と縁を結ぶ重要な儀式です。

月	日	時間	場所	行事名	内容
1月	1・2・3	午前9時	金堂・奥之院燈籠堂	修正会《しゅしょうえ》	「正」月に「修」する儀式で修正会と言います。礼仏して懺悔することで、国家安泰と五穀豊穣、除災招福を祈るものです。根本大塔で行われる修正会では2時間におよぶ法会の終盤で「牛玉杖（ごおうつえ）」で床を打ちながら1年の息災を祈念します。
1月	5	午前9時	根本大塔	修正会《しゅしょうえ》	（同上）
2月	3	午後1時	大塔	節分会《せつぶんえ》	大塔内陣において星供曼荼羅を奉り、各人の除災招福・福寿増長の御祈祷をします。
2月	14・15	午後11時	金剛峯寺大広間	常楽会《じょうらくえ》	全山を挙げてお釈迦様の御入滅をしのぶ法会。別名、涅槃会（ねはんえ）。参拝者にもうどんの接待があり、午後11時から翌日の昼頃まで長時間行われる法会です。
3月	21	午前9時	奥之院・御影堂	正御影供《しょうみえく》	弘法大師が御入定された3月21日に報恩を捧げる日です。大師の代わりに1年間重要な法会の導師を勤める「法印御房（ほういんごぼう）」が出仕され、壇上伽藍で萬燈萬華会（まんどうまんげえ）を行います。また、年に1度、大師に御衣（ぎょい）を捧げる日でもあり、宝亀院（ほうきいん）と金剛峯寺の従者が御衣を納めた唐櫃（からひつ）を奥之院燈籠堂にて修法した後、御影堂に安置されて1年間にわたり供養されます。そして、この御衣は来年の法印御房が着用します。
3月		午後1時	金堂	彼岸会《ひがんえ》	春は3月、秋は9月の彼岸中日前後3日間、滅罪生善のために厳修されます。当初、御影堂で行われたものが金堂に移されました。
4月	8	午前9時	金剛峯寺大広間	仏生会《ぶっしょうえ》	お釈迦様の御誕生をお祝いする法会。法会の締めくくりに山内住職がお釈迦様の頂に甘茶を注いで供養します。
4月	10	午前9時	金堂	大曼荼羅供《だいまんだらく》	大師自らが修法されたと伝わる、最も起源が古い重要な法会。胎蔵界曼荼羅、金剛界曼荼羅を供養する法会で、空海の代わりである法印御房が、生きとし生けるものすべてに功徳を施すありがたい法会です。
4月	21	午前9時	奥之院燈籠堂	奥之院萬燈会《おくのいんまんどうえ》	奥之院に寄進されている燈籠の総供養。法印御房以下、山内住職が集まり供養します。当日は燈籠堂の外陣まで参拝できます。
旧暦4月		午後6時半	御影堂	旧正御影供《きゅうしょうみえく》	御入定の旧暦にあたる日に行われます。前夜の午後6時から萬燈萬華会（まんどうまんげえ）を行い、午後8時には御逮夜法会（おたいやほうえ）を執行。年に1度の御影堂開扉があり、参拝者も御堂の中で内拝することが許されます。翌日の午前9時より、法印御房が出仕され、奥之院・御影堂で御影供の法会を行います。
5月	3・4・5		金堂	結縁灌頂《けちえんかんじょう》・胎蔵界	大曼荼羅供とともに厳格な儀式の一つ。5月に胎蔵界、10月に金剛界の結縁灌頂があります。参加者が曼荼羅に向かって華を投ずることで、仏様と縁を結び（結縁）、阿闍梨によって大日如来の智恵の水を頭頂から注がれ（灌頂）、本来持っている仏心を開く儀式。入檀料３０００円をお供えし、誰でも参加することができます。

月	日	時間	場所	行事	内容
旧暦5月	1・2		山王院	**山王院夏季祈り**	南院に安置されている波切不動尊（なみきりふどうそん）を山王院にお祀りし、招福除災を祈る法会。唐から帰国する大師を救った波切不動明王は秘仏ですが、この2日間だけお姿を拝することができます。
旧暦5月	3	午後6時	山王院	**山王院竪精《さんのういんりっせい》**	御社の明神様に問答を奉納する儀式で、山内の住職にとって大切な法会（論議）。当日の夕方から前講が始まり、翌日の朝まで長い時間行われます。
6月	15	午前9時	高野山大師教会大講堂	**宗祖降誕会《しゅうそごうたんえ》**	大師の御誕生日をお祝いする、一山を挙げてのお祭りの日。日本各地から踊りや太鼓の諸団体も加わり、メインストリートをパレードします。
旧暦6月	9・10	午前10時	金剛峯寺大広間	**内談議《うちだんぎ》**	高野山に伝わる問答の一つ。昔は10日間行われました。かつては「練学会」といい、僧侶が論議に出仕することで自己を磨き、一生懸命勉強して高野山の僧位を築きました。この内談議の後、御最勝講へ続きます。
旧暦6月	11	午後6時	山王院	**御最勝講《みさいしょうこう》**	大師直筆の「金光明最勝王経（こんこうみょうさいしょうおうぎょう）」を讃え、鎮護国家を祈る法会。この年の学頭という学位の最高に就いた2人が、この御最勝講を無事に勤めると「上綱（じょうごう）」と呼ばれる段位に上ります。
7月	1	午後1時	准胝堂	**准胝堂陀羅尼会《じゅんていどうだらにえ》**	准胝堂にて尊勝陀羅尼（そんしょうだらに）をお唱えし、日々の罪過を懺悔します。
7月	15	午後1時	大塔	**御国忌《みごき》**	持統天皇の国忌斎という儀式が基になった、歴代天皇を供養する法会です。
8月	7〜		金堂	**不断経《ふだんぎょう》**	滅罪生善（めつざいしょうぜん）のため1週間、金堂の中を理趣経に節をつけて堂内を廻ります。その日最後のお経は途中で終わり、次の日の始めへと引き継がれます。また、この法会は真然大徳が重んじられ、曼荼羅の裏には真然大徳と釈迦如来の掛け軸がかけられます。
8月	11	午後11時	金剛峯寺大広間	**盂蘭盆会《うらぼんえ》**	盂蘭盆とは梵語で「逆さ吊りになっているのを救う」という意味。もともとはお釈迦様の弟子の目連が、母が死後に餓鬼道に落ちて痩せているのを見透かし、釈尊に相談して衆僧に飲食などの供養をして助けることができたという話ですが、日本ではこれに祖霊祭が融合し、先祖供養の行事になりました。
8月	13	午後7時	奥之院	**萬燈供養会《まんどうくようえ》「ろうそく祭り」**	一の橋から奥之院まで約2kmの参道を、約10万本のローソクで埋め尽くし、先祖をはじめ奥之院に眠るすべての御霊を供養するお祭りです。燈籠堂では午後8時から法会が行われます。
9月			非公開	**勧学会《かんがくえ》**	明治時代まで不合格者は大門から追放されたという厳しい儀式。修行僧たちが勧学院を中心に、約1カ月にわたり学問研鑽のために論議や問答を行い、大師の著作や経典に関すること、細かい作法などを学びます。
10月	1・2	午前8時	金堂	**結縁灌頂《けちえんかんじょう》・金剛界**	大曼荼羅供とともに、厳格な儀式の一つ。5月に胎蔵界の結縁灌頂があり、10月は金剛界の結縁灌頂があります。入檀料3000円をお供えし、誰でも参加することができます。
10月	3	午後7時	奥之院燈籠堂	**奥之院萬燈会《おくのいんまんどうえ》**	奥之院に寄進されている燈籠の総供養。法印御房以下、山内住職が集まり供養します。また、この法会では高野山専修学院の生徒も加わります。4月の奥之院萬燈会は朝ですが、10月は夜に行われます。
10月	16	午後12時半	明神社（御社）	**明神社秋季大祭**	御社にお祀りされている高野明神の大祭。明神社前にて法要の後、中学生の神輿が山内を歩きます。
10月	27	午前9時	奥之院燈籠堂	**諡号奉讃会《しごうほうさんえ》**	延喜21年（921）10月27日、醍醐天皇より「弘法大師」の諡号を賜ったことを讃える儀式。

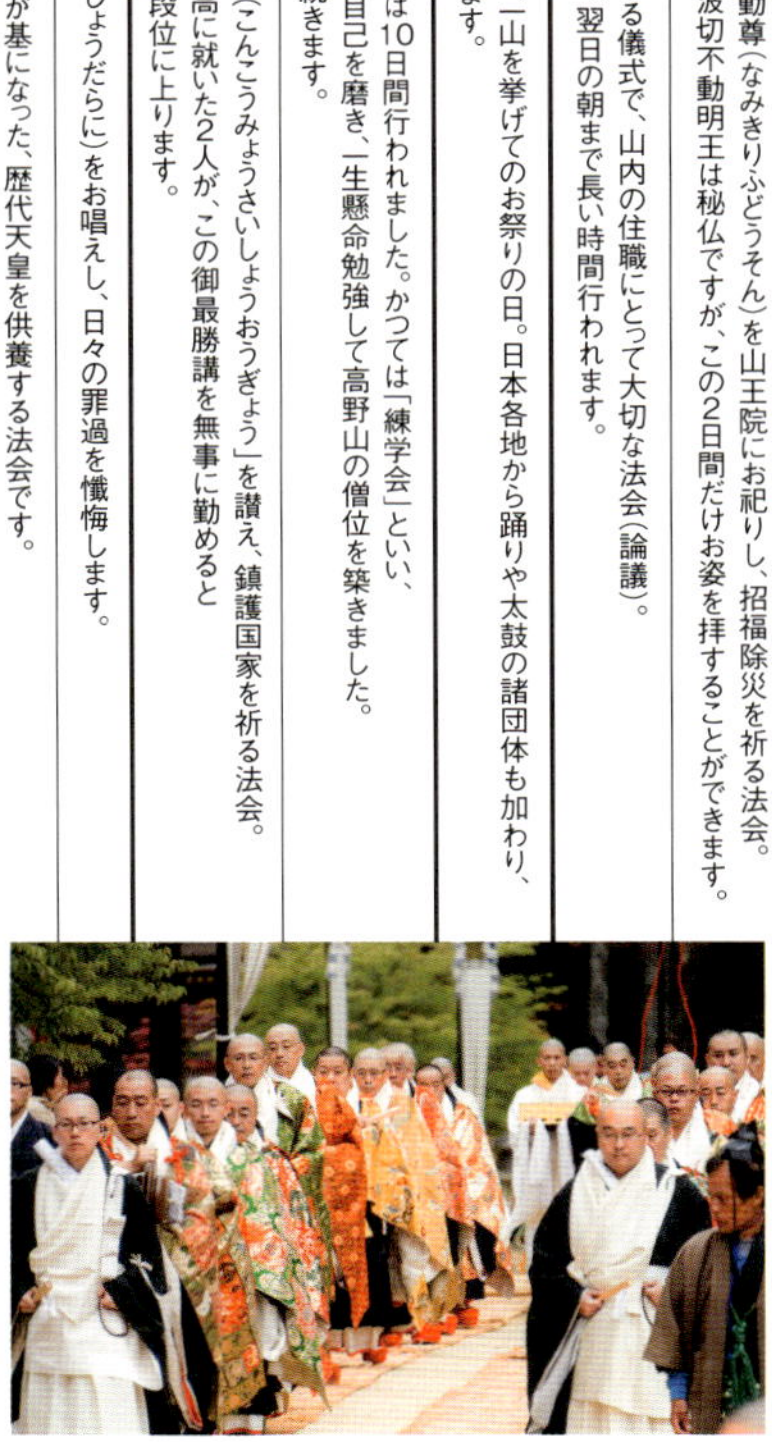

毎年5月と10月に行われる結縁灌頂。山内住職たちのお練りの様子。

空海の歴史を見ると、
高野山のこともよくわかります！

空海と高野山の歴史

知っているようで詳しく知らない空海（弘法大師）のこと。
空海がいかにして高野山へ修行道場を築くに至ったのか？
誰のために？ なんのために御入定されたのか？
これを読んでから高野山へ行くと、
より深く高野山がわかります。

別格本山一乗院に祀られている弘法大師（空海）の仏像。

空海の出家と大日経との出会い

宝亀5年（774）6月15日、空海は讃岐国の屏風ヶ浦（香川県善通寺市）で誕生しました。父親の名前は佐伯直田公《さえきのあたいたぎみ》、母親は玉依御前《たまよりごぜん》という方です。

幼名は真魚《まお》。7歳のときに近くの捨身ガ嶽《しゃしんがだけ》に登り、「私は大きくなりましたら、世の中の困っている人々をお救いしたい。私にその力があるならば、命を永らえさせてください」と仏様に祈り、谷底へ飛び降りました。すると、天女が現れ、しっかりと受け止めたと言う伝説があります。この幼少期の有名な話は「捨身誓願《しゃしんせいがん》」と呼ばれています。

子どもの頃から仏様を拝み、よく勉強ができた空海。15歳のときに叔父・阿刀大足《あとのおおたり》に従って上京し、18歳で大学に入学しました。しかし、大学で学ぶ儒教中心の学問は出世を目的としたもので、世の中の人々を救うものではなかったため、次第に仏教に興味を持ち始めます。そして、奈良の高僧、勤操大徳《ごんそうだいとく》に出会い、仏教の教えを学びます。

世のため、人のために一生を捧げようと修行を始めた空海は、まもなく大学を去って大峯山《おおみねさん》、阿波の大瀧ガ嶽《たいりゅうがだけ》、土佐の室戸崎《むろとのさき》など霊所に向かい、修行をしていました。

延暦12年（793）、20歳の時、和泉国・槇尾山寺《まきのおさんじ》にて勤操大徳《ごんぞうだいとく》を師匠として剃髪《ていはつ》・得度《とくど》し、出家。このとき名を「教海《きょうかい》」と改め、後に「如空《にょくう》」とされました。22歳で名を「空海《くうかい》」とし、24歳で仏教書である「三教指帰」3巻を執筆。しかし勤操大徳の大安寺であらゆる経典を読んだものの、どうしても満足できるものがありません。

空海は東大寺大仏殿にて「この空海に最高の教えを示してください」と懇願しました。すると夢のお告げにより、奈良県の久米寺東塔の中で大日経を発見します。そこには悟りの世界がわかりやすく語られ、成仏の方法も詳しく示されていました。これこそ、空海が求めていたものでした。

しかし、お経の中にはサンスクリット語という古代インドの言葉、梵語《ぼんご》があり、理解しにくく、奈良の僧に聞いても誰も答えられなかったのです。空海は唐（中国）に行く決意をします。法を求めて唐に渡ることを、「入唐求法《にっとうぐほう》」と言います。

真言密教の第八祖となる

空海の師匠、勤操大徳の尽力により、入唐《にっとう》への勅許が下ります。延暦23年（804）、7月6日に肥前（長崎県）松浦郡田浦から出発。幾度も嵐に遭いながら、8月10日にようやく福州の浜に漂着します。

しかし、唐の役人は怪しんでなかなか上陸させてくれません。そこで、空海は日本の大使に代わり、州の長官へ手紙を書きました。すると長官はその文章と書の立派さに驚き、これはただの人ではないと判断。上陸が許されました。さすが「三筆《さんぴつ》」の一人といわれる空海らしいエピソードです。ちなみに天台宗を開いた最澄もこのときに唐に渡りました。

それから長い距離を歩き、12月に長安の都に到着した空海は、唐で一番の名僧と呼ばれる青龍寺《しょうりゅうじ》の恵果阿闍梨《けいかあじゃり》に会いにいきました。

恵果阿闍梨は正統な真言密教の継承者であり、第七祖とも言われています。驚いたことに、恵果阿闍梨は空海に会ってすぐに「ずっとあなたを待っていた」と喜ばれ、ただちに灌頂壇《かんじょうだん》に入るよう勧めました。

恵果阿闍梨は8カ月という短期間で空海に密教のすべてを授け、「遍照金剛《へんじょうこんごう》」の法号を与え、空海は真言密教の第八祖となりました。

そして、この年の12月、それを見届けて安心したかのように恵果阿闍梨は入滅されました。4000人あまりの弟子がいる中、異国から来た32歳の若い無名僧が正式な継承者になったことは、当時の人々も大変驚いたに違いありません。

空海の活躍

大同元年（806）、8月。日本に帰ることになった空海は、明州の浜辺で「私が受け継いだ教法を広めるのに良い土地があったら、先に帰って示したまえ」と祈り、法具である三鈷杵《さんこしょ》を空中に投げました。三鈷杵は五色の雲に乗って日本に向かって飛んで行きました。

さて、明州から船に乗った空海は、また何度も嵐に遭いました。今にも船が沈もうとしたそのとき、右手に不動明王の剣印《けんいん》、左手に索印《さくいん》を結び、口に真言を唱えて波をしずめ、同年10月には無事博多に到着しました。そして、真言密教を日本全国に広めることを天皇陛下に許しを請うため、上表文を送りました。

大同5年（8１0）、空海は都に上り、嵯峨天皇に「真言宗」という宗旨を開くお許しを得て、真言密教を日本に広め、世の中の迷える人や苦しむ人を救うための活動が始まります。

弘仁4年（8１3）、嵯峨天皇は空海をはじめ各宗の高僧たちを宮中に招き、仏教の話を聞かれました。

それまで奈良の仏教は、長い間修行をすることによって仏様になると説いてましたが、空海は誰でもこの身このままで仏様になれるという、「即身成仏」を説かれました。

しかし、奈良の高僧たちはそれを信じませんでした。そこで、空海は手に印を結び、口で真言を唱え、心に大日如来を念じました。すると、体から五色の光明が輝き、空海は大日如来になられました。高僧たちは空海を拝み、嵯峨天皇の信仰もより篤くなりました。

ちょうどそれと同時期、空海は真言密教を広める根本道場を開くため、それにふさわしい場所を求めて各地を探していました。

ある日、大和国宇智郡（奈良県五條付近）で白黒の二匹の犬を連れた狩人に出会いました。

空海が伽藍を建てるのに適した場所を探している旨を伝えると、「ここから少し南の紀州の山中にあなたの探している場所があります。この犬に案内させましょう」と言い、姿が消えてしまいました。この狩人が高野山にお祀りされている狩場明神《かりばみょうじん》です。

やがて、二匹の犬に案内されて丹生明神《にうみょうじん》のお社のところまで来ると、丹生明神が姿を現しました。「今、菩薩がこの山に来られて私は幸せです。この土地をあなたに永久にさしあげましょう」と言いました。

高野山に登られた空海は山上というのに野原が広がり、周囲の山々がまるで蓮華の花のように土地を囲むこの地に「この場所こそ、真言密教を広めるのにふさわしい場所」だと確信します。そして、かつて明州の浜辺から投げた三鈷杵が松の木にひっかかっているのを発見したのです。

高野山の開創と御入定

弘仁7年（8１6）、朝廷に上表して、嵯峨天皇から許可を賜り、ついに高野山を開山します。

空海はまず、丹生明神と狩場明神の恩に報いるため、二柱の神様を伽藍の御社にお祀りしました。そして壇上に大塔や金堂をはじめ、諸堂を建立し、一山を「金剛峯寺」と名づけました。

弘仁9年（818）、日本中に悪病が流行しました。嵯峨天皇は空海を宮中に招き、御祈祷を命じられました。空海が御祈祷を始めると、今まで流行していた病気はたちまちにおさまりました。

また、天皇は般若心経《はんにゃしんぎょう》一巻を金字で写経し、仏前にお供えし、般若心経の講義を空海に命じました。このときに空海は密教の立場で般若心経を説明しました。この講義の内容を「般若心経秘鍵《ひけん》」と言います。

弘仁14年（823）、嵯峨天皇から京都の東寺を賜ります。空海はこの御恩に応えるため、東寺を教王《きょうおう》護国寺《ごこくじ》と称して、皇室の安泰を祈願され、また、真言密教を広めるために尽力されました。

さらに、特権階級しか学校に行けなかった時代、一般の人たちが通えるように京都に「綜芸種智院《しゅげいしゅちいん》」という学校を造ったり、お遍路さんで有名な四国八十八ヶ所の霊場を開創したり、水害に困っていた満濃池の治水をしたり。空海は生涯を通じて人々のためにさまざまな活動をしました。

天長9年（832）には東寺や高雄山を弟子に託し、高野山の造営に専念します。空海は萬燈萬華会《まんどうまんげえ》という法要の際に、願文に次のように書かれています。

「虚空《こくう》尽き、衆生《しゅじょう》尽き、涅槃《ねはん》尽きなば、我が願いも尽きん」。

この宇宙のすべてのものが解脱《げだつ》を得て仏となり、涅槃を求めるものがいなくなったとき、私の願いは終わるという大誓願でした。

承和2年（835）、3月21日。寅の刻を入定《にゅうじょう》のときと定め、弟子に後々のことを伝え、一週間前から住房を浄めて穀物をたちました。そして、身体を香水で浄めて結跏趺坐《けっかふざ》し、手に大日如来の定印を結んで弥勒菩薩の三昧に入りました。

こうして弘法大師空海は御入定されました。

御入定されて86年後、延喜21年（921）10月27日、醍醐天皇から「弘法大師」という諡号《しごう》を賜りました。

五鈷杵《ごこしょ》

三鈷杵と同様に密教の修法に使われる道具。

三鈷杵《さんこしょ》

護摩祈祷など密教の修法に使われる道具。

丹生都比売神社《にうつひめじんじゃ》と高野山

神道と仏教が融合した瞬間

高野山の壇上伽藍を見守る御社《みやしろ》には、丹生都比売神社のご祭神、丹生明神が祀られています。弘法大師は高野山開創にあたり、なぜ最優先に丹生明神を祀ったのか？そこには、私たちが永遠に語り継いでいくべきメッセージがあるのです。

丹生明神と狩場明神

高野山を語るうえで、まず知っておきたいことがあります。それは丹生明神《にうみょうじん》こと丹生都比売大神《にうつひめのおおかみ》。そして狩場明神《かりばみょうじん》こと、高野御子《たかのみこの》大神《おおかみ》がご鎮座する丹生都比売神社のことです。

弘法大師が高野山開創にあたり、まずはじめにしたことは、山麓の天野に鎮まる丹生都比売神社の神を壇上伽藍に勧請《かんじょう》し、御社《みやしろ》に守護神として祀ることでした。

約1200年前、真言密教の聖地にふさわしい場所を探していた大師の前に、黒と白の犬を連れ、狩人に化身した狩場明神《かりばみょうじん》が現れ、大師を高野山へ導きます。

やがて案内されてきた天野の地で、丹生明神《にうみょうじん》に出会い、ご神領であった高野山を借り受け、授かったと伝わります。

大師が高野山において仏様を祀る本堂ではなく、最初に御社を築いたのは、そんな神々のご恩に報いるためだったのです。

「明神様」へ学道を奉納する

大師のそんな〝姿勢〟は、現在も弟子たちによって受け継がれています。

たとえば、御社の拝殿にあたる山王院では今でも毎日、「明神様」を称える言葉「南無大明神《なむだいみょうじん》」が必ず唱えられています。

また、高野山で僧侶になる人は、100日間の修行「加行《けぎょう》」を終えると、丹生都比売神社に守護を願うお札を納めるしきたりになっています。

さらに、「山王院竪精《さんのういんりっせい》」という高野山の重要行事においては、「明神様」へ学道を奉納することがメインになっています。

これは、高野山が荒廃した時代、学道に怠けた僧侶

アオサギが佇む鏡池と、淀君から寄進された神様の渡る橋、輪橋（りんきょう）。

禊橋を渡る途中、中鳥居から
室町時代の中期建立という
楼門(重要文化財)を望む。

丹生都比売神社の美しい本殿。右より第一殿から第四殿と続く。一間社春日造では日本一の規模を誇り、重要文化財でもある。

を「明神様」が叱り、高天原に帰ると告げられたことがあったからです。

これは大変だとばかりに当時奈良で行われていた問答を学んで奉納したところ、大変満足され、「今までどおり高野山を見守ろう。この儀式を行う際には雨を降らせて、私が聞いていることを示そう」と、言われました。

以来、毎年山王院では毎回10時間近い問答が続けられ、今でもこの儀式の最中に雨が降ると、明神様の証しとして信じられています。

変わらぬ「神仏共存」の姿

このように、高野山の中心である壇上伽藍に神道の神々を祀り、「神道と仏

教の融合」を果たした弘法大師。大師により自然の恵みに感謝するという神道の精神が仏教にとり入れられ、神様と仏様が共存する日本人ならではの宗教観が育まれていったのでしょう。

　大師の御入定後もその伝統は引き継がれ、鎌倉時代には、丹生都比売神社の第三殿、第四殿には気比神宮から大食都比売大神《おおげつひめのおおかみ》、厳島神社から市杵島比売大神《いちきしまひめのおおかみ》が行勝上人《ぎょうしょうしょうにん》により勧請されましたが、高野山の御社でも同じように気比明神、厳島明神が勧請されました。

　そして、20年に1度の遷座祭では、高野山・御社で丹生都比売神社の宮司が祝詞を奏上し、丹生都比売神社では金剛峯寺の座主が奉幣を行います。

　明治の神仏分離を経ても、変わらぬ「神と仏の共存した姿」がここにあります。

神道と仏教の
たぐいまれな融合

　平成16年、「紀伊山地の霊場と参詣道」として丹生都比売神社と金剛峯寺を含む、紀伊山地一帯が世界遺産に登録されましたが、その理由として「神道と仏教のたぐいまれな融合」が挙げられています。

　古来、世界中で宗教紛争が起きてきた中、異教同士が融合して発展していくという姿は、まさに「たぐいまれな」奇跡と映っていることでしょう。

　そして、自分たちだけ良ければいいという他者との「分断」、異なる価値観を持つ人を排斥する「対立」という流れが世界中で加速している現在、お互いを受け入れて「共生」していくという丹生都比売神社と、高野山の関係は、世界の平和や安定に大きなメッセージを持っているのかもしれません。

丹《に》生《う》都《つ》比《ひ》売《め》神社《じんじゃ》

社殿の創建はおよそ1700年前。応神天皇により社殿と紀伊山地北西部一帯の土地が寄進されたと伝わります。主祭神は丹生都比売大神。天照大御神の妹神とされ、神代に紀の川沿いの三谷に降臨。紀州や大和に農耕を広めた後に、この地に鎮まったとされます。本殿（重要文化財）は室町時代に再建され、一間社春日造りでは日本最大級です。丹生都比売大神を祀る総本社で、紀伊國一之宮。

和歌山県伊都郡かつらぎ町上天野230
☎ 0736-26-0102
JR和歌山線、妙寺駅か笠田駅よりタクシーで15分。または笠田駅より「かつらぎ町コミュニティバス」丹生都比売神社行きで約30分。

本殿
第一殿　丹生都比売大神《にうつひめのおおかみ》＝丹生明神
第二殿　高野御子大神《たかのみこのおおかみ》＝狩場明神・高野明神
第三殿　大食都比売大神《おおげつひめのおおかみ》
第四殿　市杵島比売大神《いちきしまひめのおおかみ》
若宮　行勝上人《ぎょうしょうしょうにん》

1. ご祈祷を行う、清々しい本殿前の祝詞舎。2. 本殿に向かう参道。楼門の紫の神幕は、高野山からの寄贈。3. 高野山の僧たちが守護を願う護摩札。4. 中鳥居から見る輪橋も美しい。

高野山と女人禁制

明治時代まで女人禁制の山だった高野山。
女性たちは山内に入ることが許されていませんでした。
高野山には高野七口《こうやななくち》と言われる七つの入り口があり、そこには女人堂《にょにんどう》という
参籠所《さんろうじょ》が立っていました。女性参拝者はこのお堂から、奥之院の弘法大師を拝んだのです。
この女人禁制という制度は、高野山を取り巻く人々に多くのドラマを残しました。

刈萱堂《かるかやどう》の悲話

苅萱道心《かるかやどうしん》と石童丸《いしどうまる》の伝説の舞台へ

高野山の中心にある刈萱堂には今も参拝者が絶えない。

高野山の大通りに面する刈萱堂《かるかやどう》には、女人禁制が生んだ悲話が語り継がれています。

平安時代末期、筑前国に加藤左衛門尉繁氏《かとうさえもんのじょうしげうじ》という領主がいましたが、正室と側室の執拗な憎しみ合いに心を痛め、出家をしました。

やがて、側室に男の子が誕生し、石童丸と名乗ります。成長した石童丸は母とともに、父に会うために高野山へ向かいます。しかし、女人禁制で母は入山できず、石童丸だけが一人で山を登ることに。高野山では偶然、一人の僧侶が父の行方を知っており、父が亡くなったことを告げられます。石童丸ががっかりして下山すると、今度は母が旅の疲れで亡くなっていました。

一人になった石童丸は再び高野山へ戻り、父の死を教えてくれた僧侶の弟子になります。その僧の名は「苅萱道心《かるかやどうしん》」。じつは、それが出家した石童丸の父親だったのです。しかし、苅萱道心は父であることを名乗ることなく、石童丸も気がつくことなく仏道修行に励み、生涯を送ったといいます。この父子が修行をしていたお堂がこの苅萱堂なのです。この話は「刈萱」あるいは「石童丸」として、江戸時代に浄瑠璃や歌舞伎の演目としても作品化されました。

女人高野《にょにんこうや》の慈尊院

女人禁制と大師の御母公、玉依御前のお話

現在も残る不動坂口の女人堂。数ある女人堂の中で一番大きかった。

女人禁制の高野山は、弘法大師の母親でも例外なく入山できませんでした。讃岐国からはるばる訪れた大師の母、玉依御前《たまよりごぜん》は仕方なく麓の政所（のちの慈尊院《じそんいん》）に滞在し、弥勒菩薩《みろくぼさつ》を崇敬するようになります。

大師はそんな母の信仰心の深さに感動し、月に9度は山を下って母のもとに通われたと伝わります。現在、慈尊院がある地名を「九度山《くどやま》」と呼ぶのはそんな由来があるのです。それから、慈尊院は山内に入れない女性たちにとっての聖地となり、多くの女性たちがその場所から祈りを捧げたことから「女人高野」とも呼ばれています。

ちなみに、弘法大師が母に会うために通った道は「町石道《ちょういしみち》」といいます。九度山の慈尊院から大門へ通じる約20kmの参道で、高野七口の一つですが、ここが本来の表参道です。

根本大塔を起点として慈尊院まで180町石（1町は約109m）、根本大塔から奥之院まで36町石。180という数字は胎蔵界百八十尊のことで、36という数字は金剛界三十七尊（御廟を37とする）のこと。つまり、表参道は両界曼荼羅の世界なのです。

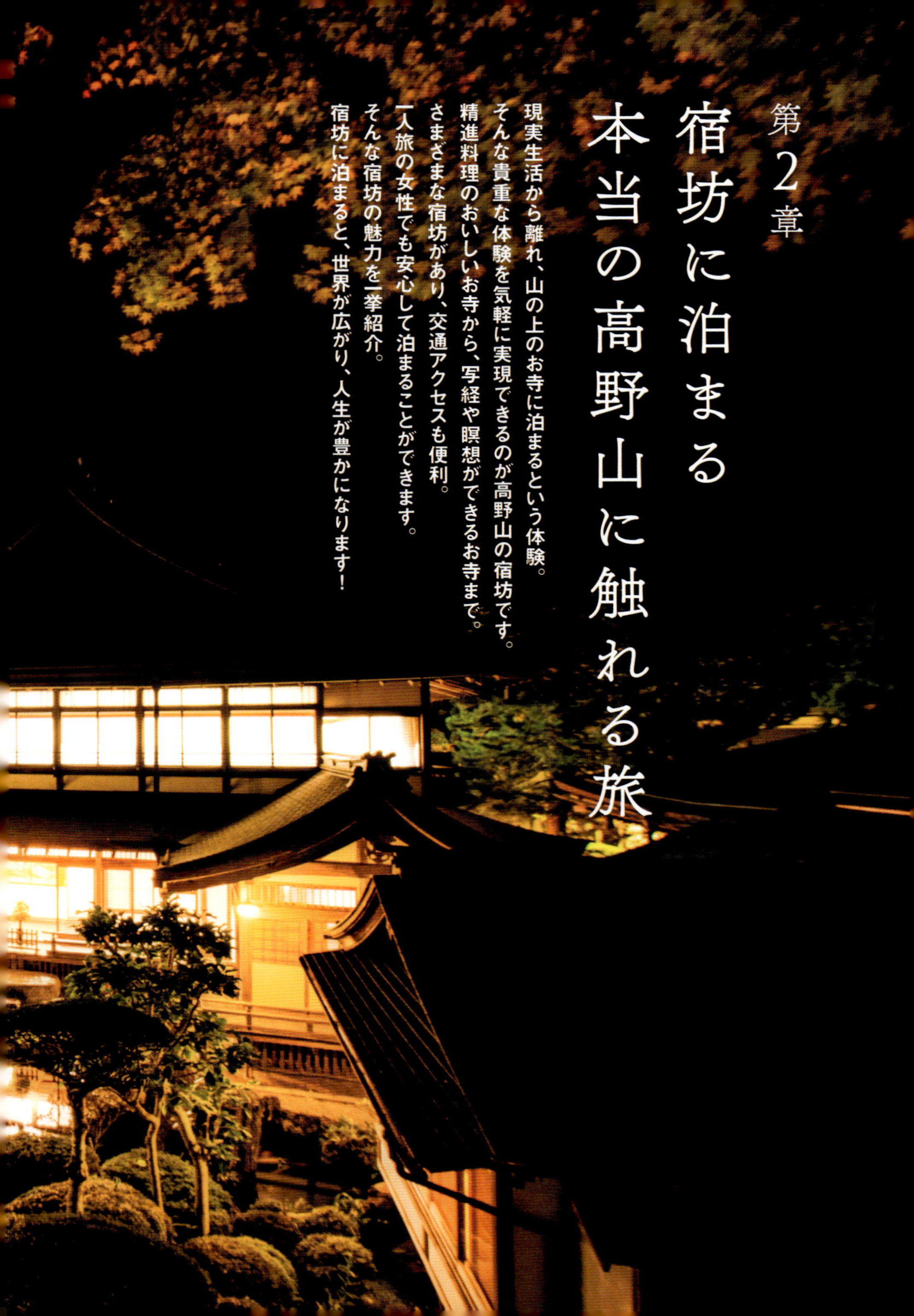

第2章

宿坊に泊まる本当の高野山に触れる旅

現実生活から離れ、山の上のお寺に泊まるという体験。
そんな貴重な体験を気軽に実現できるのが高野山の宿坊です。
精進料理のおいしいお寺から、写経や瞑想ができるお寺まで。
さまざまな宿坊があり、交通アクセスも便利。
一人旅の女性でも安心して泊まることができます。
そんな宿坊の魅力を一挙紹介。
宿坊に泊まると、世界が広がり、人生が豊かになります！

お寺に泊まるという貴重な体験

高野山の宿坊に泊まる。それは弘法大師の教えを実践する修行僧たちと生活をともにし、仏様のもとで安心して眠り、朝の勤行や阿字観、写経などの修行を通して仏教に触れることができる貴重な体験です。

高野山には多くの寺院があり、そのうちの50カ寺が参詣者のための宿坊施設を整えています。

宿坊といっても、昔ながらのお寺の生活を体験できる最低限の宿泊機能しかないお寺もありますし、旅館のような最新設備で快適に過ごせる宿坊もあります。

初めてで不安な人は、旅館のような宿坊がおすすめ。食事の用意はほとんど修行僧がお世話してくださいますし、部屋に帰ると布団が敷かれていたりと普通の宿のよう。お酒は般若湯《はんにゃとう》といって飲酒も許されています。ビールは麦般若《むぎはんにゃ》です。

なによりも精進料理は肉や魚を使っていないため菜食中心で健康的。翌日は身体が軽くなったように感じるかもしれません。

そして、宿坊の一番の醍醐味は、朝勤行《あさごんぎょう》でしょう。高野山で1200年近く続く、朝の祈りの場に参加できるのです。日常とはまったく違う精神世界に身を置くことで、その体験はかけがえのないものになります。

高野山へ参拝する人は年間180万人。しかし、ほとんどの人は日帰りで帰ってしまいます。これは本当にもったいないこと。朝勤行や精進料理もそうですが、静まりかえった山寺の夜や、早朝、野鳥の声の中に鐘の音を聞くのも風情があって素晴らしいものです。

単なる観光でなく、泊まるだけで、すでに高野山の修行の中に身を置くことができる宿坊。これはほかの旅では味わえない特別なものになります。

本当に静かな高野山の夜。宿坊には多くの参拝者が泊まる。写真は人気宿坊の一乗院。

ようこそ、宿坊の世界へ! 仏教の楽しさを実感する旅

宿坊に泊まるとこんなに楽しい!

すでに一部の人たちは気がつき始めていますが、
宿坊はどの観光地でも感じられない、すごい体験ができる場所。
知れば知るほど奥が深くて、何度来ても楽しめる。
それが高野山の宿坊の魅力なんです。
高野山は修行道場として、一般にも広く開かれているのです。

イラスト=宇和島太郎
illustration:Taro Uwajima

宿坊が楽しい理由 その1

本当の非日常を感じる貴重な体験

お寺という未知の空間に泊まるドキドキ感がなんとも言えません。目に見えない精神世界を信じるという、現実の世界では考えられないことが、高野山では常識なのです。そして、ふだん感じたことのない緊張感の中、心は不思議と安心していることに驚きます。「非日常が感じられる」を掲げるツアーや宿が多い中、宿坊はまさに本当の非日常に満ちた場所なのです。

宿坊が楽しい理由 その2

お坊さんとの会話

宿坊は到着した瞬間から、高野山の修行僧たちと接する機会があります。部屋に案内され、説明を受けるところから始まり、食事を配膳してくれたり、布団を敷いてくれたり。それは修行僧にとって大切な修行の一つですが、そのきびきびした所作を見るだけで心が引き締まりますし、勉強にもなります。なにより普通の旅ではなかなか話せないお坊さんとの会話を通じ、新しい価値観に触れることができます。

宿坊が楽しい理由 その3

カラダに優しい精進料理

精進料理の基本は一汁一菜とご飯。今でも僧侶たちは修行の一環として質素な食事ですが、私たち参詣者がいただく料理は、二の膳や三の膳があるボリュームのあるものが一般的です。じんわりしみる美味しさで、お腹もいっぱいになります。肉や魚を使わないので野菜や山菜などが中心。カラダに負担が少ないため、翌日カラダが軽く感じられます。そして、勤行後の朝ご飯もとっても美味しくいただけるのです。

宿坊が楽しい理由 その4
夜の高野山を体験

高野山では食事処もお土産屋も、早い時間に閉店します。夜の高野山は人も少なく、何もありませんが、都会では味わえない静寂を味わうことができます。少し奥まった場所にある宿坊の場合は本当に静か。シーンとした空間で「静」を意識することもできます。また、夕食前に壇上伽藍へ歩いてみると、人も少なく、お寺の美しい夕暮れどきを過ごすこともできます。こんな体験も泊まらなければできません。

宿坊が楽しい理由 その5
朝の勤行に参加するということ

高野山の寺院では毎日行われる朝勤行。朝の勤行は仏様を讃え、供養するためのお勤《つと》めのことで、お香を焚き、読経や声明を仏様に捧げます。この神聖な儀式に参加できるのが、宿坊ならではの醍醐味です。緊張感あふれる伝統の儀式は、見るだけ聞くだけでも魅力的ですが、本来は「参加」することに意義があるもの。読経に合わせて仏様に感謝をしたり、お祈りをしたり。またはご焼香をするときも仏様を讃える気持ちを持つだけで、さらに充実したものになります。

宿坊が楽しい理由 その6
阿字観や写経を存分に楽しむ

瞑想や写経はどこでもできますが、やはりお寺での阿字観・写経は格別です。とくに高野山は修行道場として開かれた、まさに本格的な修行体験ができる場所。清らかな静寂の中、お香の香りが漂い、仏様がすぐ近くにいる環境での修行ですから正真正銘の修行なのです。ただし、これらの修行は心の持ちようで充実度が変わります。何事もそうですが、真摯な姿勢でのぞむことが修行を意味あるものにしてくれます。

宿坊が楽しい理由 その7
自分と向き合うという体験

一人旅で訪れる女性も多い高野山。俗世間から離れた精神世界だからこそ、集中して自分と向き合うことができます。もちろん、一人でなくてもお寺の中を散策したり、朝勤行や修行体験をすることで、自分を見つめ直す時間を持つことができます。精神世界が常識の場所だからこそ、そんな時間の過ごし方が最もフィットするのです。ちなみに高野山は一人旅大歓迎。受け入れている宿坊が多いのも特徴です。

宿坊が楽しい理由 その8
本当の心の幸せを探して

高野山は心の平安を得るための、さまざまな修行をする場所と言ってもいいくらい、多くの智恵が凝縮されています。仏像仏画や曼荼羅、お経など学ぶべきことが次から次へと存在し、一生をかけて学べます。宿坊はそういった一般参詣者のための入り口でもあり、修行道場の体験入学のようなもの。高野山や宿坊で学んだことを日常生活で活かしたり、人生の糧にしたり。人によっては人生が変わるような特別な旅になる可能性もあります。ぜひ、新しい旅へ一歩を踏み出してみてください。

本格的な朝勤行と
山内屈指の精進料理

一乗院

一乗院の朝は朝勤行を知らせる半鐘《はんしょう》の音から始まります。凛とした空気の中、本堂に住職が現れると、お経や独特の節をつけた声明《しょうみょう》を唱えます。

お寺により、勤行のやり方はいろいろですが、一乗院は般若理趣経《はんにゃりしゅきょう》を中心にして、前後に声明を織り混ぜる盛大な朝勤行。僧侶たちへの教育もあり、毎日欠かさず1時間近く行われています。

この本格的な朝勤行、そして山内屈指と言われる

精進料理《しょうじんりょうり》も全国的に知られ、多くのリピーターを抱えるお寺です。

一乗院の開基は平安時代。弘仁年間（８１０〜８２４）に善化上人により創建されました。霊元天皇や五摂家の九条家、諸大名に崇敬を集め、江戸時代には寺格中随一の古跡名室とされたお寺です。

ご本尊は弥勒菩薩《みろくぼさつ》と秘仏愛染明王《あいぜんみょうおう》。脇仏は胎蔵界大日如来と金剛界大日如来で、

1. 高野山では珍しいご本尊の弥勒菩薩。脇仏は胎蔵界大日如来と金剛界大日如来。推定鎌倉期の仏像だが、平成20年に修復。2. 四天王の一尊、毘沙門天。左手に宝塔、右手には仏敵を打ち破る武器を持つ。3. 五大明王の一尊、不動明王。推定鎌倉〜室町期の仏像。4. 十一面観音と本堂の天井絵。

朝勤行は荘厳な本堂で行われる。写真は平成26年の入仏開眼法会のときのもの。

もともとは平安後期～鎌倉期の仏像ながら、新しい仏像に修復されています。これは、真言密教の仏像が本来、古代インドの影響を受けた美しい極彩色だから。

古い時代につくられ、最小限の修復で侘寂《わびさび》のある雰囲気の仏像も美しいのですが、一乗院では平安時代に修行僧たちが目の当たりにしたような、きらびやかなお姿の仏様に出会えることを大切にしています。

さらに、弘法大師、不動明王、毘沙門天、十一面観音、光華観音、阿弥陀如来などの諸尊も祀られており、朝勤行の後に参拝することができます。

また、狩野探斎や狩野興甫ら狩野派のふすま絵が飾られていたりと、寺宝も目を見張るものばかり。上杉景勝の重臣、直江兼続の妻であるお船から寄進され

1. 一乗院の表門。門扉には寺紋である九条藤が彫られている。2. 中庭を望める菩提樹の間。ふすま絵は狩野興甫の作。3. 美しい庭園には錦鯉が泳ぐ。4. 高野山の湧き水を温めた中浴場。お湯はしっとり柔らかい。

7

6

5

10

9

8

5. ツルッとした食感の新じゅん菜とタピオカのスダチ酢和え。6. カブの風呂吹き柚子味噌添えは上品な味わい。7. 賀茂茄子精進射込みと三度豆。8.夏の伝統料理、水無月豆腐。9.海老芋の炒り麩あんかけ。10.甘酢に漬けた大根や京人参などを、柿の果肉と和えた柿なます。11.菊花カブの煮物椀清仕立て。12.彩りが美しい賀茂茄子田楽。

12

11

た「三十三観音尊像」も保管されています。これは兼続の次男とされる清融阿闍梨が、一乗院の第14代住職だったため。お船は息子の死を嘆き、供養のために寄進したと言います。

一乗院は歴史も深く、本格的なお寺体験ができるのはもちろんですが、風呂付き、トイレ付きの部屋もあり、宿泊設備が充実しているのも特徴。心にとめておきたい人気宿坊です。

一乗院《いちじょういん》

☎0736-56-2214
和歌山県伊都郡高野町高野山606

1泊2食付き1名 12,000～30,000円（客室と料理によって変わる）。風呂付き・トイレ付きの部屋もあり（全室禁煙）。朝の勤行はAM6:30～ 宿泊者は参加自由。
阿字観体験：1回1人1,000円
写経：一巻1,000円
IN15:00 OUT10:00

すごい迫力のご本尊・愛染明王は鎌倉期の仏師、運慶作と伝わる。愛欲や煩悩を悟りに変えて仏道に導く仏様。

金剛三昧院

かつて
一大伽藍を造営した
伝統と格式のお寺

鎌倉時代の建暦元年(1211)、北条政子が夫である源頼朝の菩提を弔うために建立した名刹。はじめは禅定院というお寺でしたが、貞応2年(1223)、実朝の供養をするために金剛三昧院《こんごうさんまいいん》へ改称。当時は鎌倉幕府の手厚い保護を受け、一大伽藍を造営して数多くの子院をつくられたとか。

壇上伽藍近くにある勧学院も、もともとは北条時宗が金剛三昧院に建立したもの。現在も勧学院では僧侶たちが学道修練をする「勧学会」を行っています。

また、国宝の多宝塔をはじめ、経蔵《きょうぞう》、庫裡《くり》、四所明《ししょみょう》神《じん》社や仏像仏画の重要文化財も多く、高野山文化財の宝庫の寺と言われています。

山内は火事で文化財が燃

国宝の多宝塔には秘仏・五智(ごち)如来像を祀っている。鎌倉期の建立で、現存する多宝塔の中では日本で2番目の古さ。

えてしまったお寺が多い中、ここだけは街から離れているため類焼も少なく、鎌倉時代の文化財の多くがそのまま残っているのです。森に囲まれているので落雷も少ないのだとか。

さらに、高野山では壇上伽藍、奥之院、総本山金剛峯寺、大門、徳川家霊台とともに世界遺産に登録されたお寺であり、つまり、世界遺産に泊まれる唯一の宿坊といえます。お寺の部分と宿坊の部分は分かれており、渡り廊下でつながっています。

ご本尊は愛染明王《あいぜんみょうおう》。愛欲や煩悩といった人間の本能を、向上心に変えて仏道に導く仏様です。恋愛成就や縁結び、家庭円満など女性の悩みを救い導く功徳を持

1. 自家製黒豆。豆は和歌山産を使用。2. カボチャや粟麩、里芋などの筍かん(炊き合せ)。3. ぜんまいと菊菜の白砂(しらす)和え。4. 旬のイチジク、満願寺ししとうや、茗荷などの天ぷら。5. レンコンの粘りだけでつくったレンコン餅と青菜。6. 湯葉のお刺身。7. 高野山内の豆腐を使った湯豆腐。8. みがき胡麻のみでつくった自家製胡麻豆腐。

9. カラダがポカポカ温まると好評のお風呂「共生・共助の湯」。山水を温めて使用。 10. お寺と客室棟を結ぶ、風情ある渡り廊下。11. 庭園を望める客室。奥まった場所にあるので、とても静か。12. 天然記念物の石楠花（しゃくなげ）と、重要文化財の経蔵。13. 5月連休の後半に咲く石楠花の花。14. 重要文化財の本坊。重厚な佇まいが美しい。

つと知られ、女性参拝者が多いのも特徴。獅子の冠をかぶった憤怒相《ふんぬそう》のお姿は、北条政子が鎌倉時代を代表する仏師、運慶に依頼して制作したと伝わります。

さて、料理は京都の茶懐石で修業した山室料理長がつくる精進料理。なるべく地物を使い、旬の素材を生かしたシンプルな味つけにこだわっています。

春はタラの芽やコシアブラなどの山菜やタケノコ、夏はナスやトマトなど夏野菜、秋はマツタケ、シメジなどキノコ類や、蕪や海老芋などの根菜類。そして冬は温かい鍋と、行く季節によって旬の味わいが楽しめます。

また、自家製の胡麻豆腐は、みがきゴマと煎りゴマを使い分け、抹茶豆腐やクルミ豆腐のときには、風味がある煎りゴマを使うのだとか。

伝統と格式のあるお寺ですが、気さくで温かいおもてなしが印象的。昔ながらの素朴で美しいお寺の雰囲気も感じることができます。

毎年5月上旬には古いもので樹齢450年という、天然記念物の石楠花《しゃくなげ》が一斉に開花し、美しい景色を見せてくれます。

金剛三昧院《こんごうさんまいいん》

☎0736-56-3838
和歌山県伊都郡高野町高野山425

1泊2食付き1名11,000～13,000円。客室はトイレ・風呂なし。一部トイレ付あり。朝の勤行はAM6:30～ 宿泊者は参加自由。
IN14:00 OUT9:00
（拝観料があります。拝観料300円、特別拝観期間は拝観料500円。宿泊者は無料）

迫力の密教を実感できる
毘沙門堂の護摩祈祷

恵光院

「ドンドンドンッ！」。毎朝、高野山のメインストリート沿いに太鼓が鳴り響き、恵光院の護摩祈祷《ごまきとう》が始まります。

薄暗いお堂の中、ご本尊である毘沙門天《びしゃもんてん》を祀る護摩壇を囲むように、たくさんの参拝者が座り、護摩を焚く僧侶の一挙一動をじっと見つめています。静寂の中、パチッパチッと炎が燃えると、数人の僧侶の読経とともに護摩木が次々と投じられ、どんどん炎の勢いが増していきます。

護摩焚きは密教で行われる修法の一つで、供物を焼いて無病息災を願う儀式。また、煩悩を焼き清め、悟りを得ることも目指しています。

やがて、炎の勢いがますます増して、凄まじい太鼓の音と、読経と真言の声がお堂を包みます。仏様への感謝と祈りが煙となり、まさに天井に届かんばかりに昇華する様子は感動的です。

この護摩祈祷を、毎朝行っているのが恵光院です。外国人の宿泊者が多い宿坊

本堂にはご本尊・阿弥陀如来を中心に弘法大師、不動明王を祀る。

毘沙門堂で毎朝行われる護摩祈祷。鳴り響く太鼓にも穢れを祓う力があるという。

1. 通りに面した山門には恵光院に縁の深い島津家の家紋がある。2. 精進料理は自家製の胡麻豆腐をはじめ、高野豆腐や信田巻きなどの煮物、季節のてんぷらなど。3. 茶人の梅原宗直さんが毎週金曜・土曜日に来院し、抹茶体験をすることができる。宿泊客でなくてもOK。4. お茶にこだわり、オリジナルの茶葉を使った抹茶は格別(和菓子付き1,000円～)。とくに豆乳ラテは絶品。

で、意味がわからなくても、言葉を超えた何かを深く感じるそうです。

恵光院は弘法大師の弟子、道昌《どうしょう》僧都により創建されました。大師が五重の宝塔をこの地に建立し、道昌僧都が諸人の廻向《えこう》(先祖供養)を行ったことから、廻向院と呼ばれるように。

延慶元年（１３０８）には、京都の東寺より量調阿闍梨が来て再興し、永禄年間（１５５８〜１５７０）の初めには薩摩藩当主の島津

写真／奥之院ナイトツアー提供 7

6

5

9

8

5. 風呂とトイレ付きの特別室。なんとレインシャワー付き。6. 右の写真と同じ特別室。2017年にリニューアルして3部屋だけ誕生した。7. 高野山公認ガイドによる「高野山奥之院ナイトツアー」、(参加費有料)。夜の奥之院へ参拝できる人気ツアー。天候の都合で中止になる日もあり。8. 通常は1室2～4名の部屋。トイレ、風呂は共同。9. 高野山の湧き水を温めたお風呂は肌のあたりも柔らかい。

義弘が篤く信仰し、島津家との縁が深まりました。ちなみに、明智光秀の菩提寺にもなっています。そして、江戸時代の宝永年間に、徳川吉宗の命で現在の「恵光院」に改められました。

ご本尊は阿弥陀如来、弘法大師、不動明王。山内を見渡せる高台に本堂があります。一方、護摩焚きを行う毘沙門堂には、大師作と伝わるご本尊、毘沙門天がお祀りされ、不動明王、愛染明王が併祀されています。不動明王は大師が唐に渡った際、航海の安全を守ったことから「舵取り不動」の名がつけられています。

広い阿字観道場もあり、宿泊者は無料で阿字観体験ができるのも嬉しいところ。また、毎週金曜・土曜日には茶人の梅原宗直さんが来院。抹茶体験（和菓子付き1000円～）をすることができたりと、体験メニューが豊富なお寺です。

恵光院《えこういん》

☎0736-56-2514
和歌山県伊都郡高野町高野山497

1泊2食付き1名10,000～30,000円。写経、阿字観体験は宿泊者は無料。また、随時「高野山奥之院ナイトツアー」も開催。朝の勤行はAM6:30～毘沙門堂での護摩祈祷もあり。宿泊者は参加自由。
IN15:00　OUT10:00

ご本尊・秘仏の不動明王が祀られている本堂。

自然豊かな高野山の
四季を味う
静かな時間

不動院

大通りから少し奥まった場所にあり、ゆったりと静かな時間を過ごせるお寺。3000坪の広大な敷地は小川も流れ、自然豊かな高野山の四季を肌で感じることもできます。

ご本尊は弘法大師が木を伐り出して彫ったという不動明王（秘仏）。延喜7年（906）、済高大僧正の開創したお寺で、鳥羽天皇の皇后である美福門院陵もあり、山階宮家の菩提寺としても知られています。

9

10

11

1.オシャレな離れ専用のライブラリー。2. 安土桃山時代の書院。現在は食事処になっている。3. セリの炒めもの。精進料理は10品ほどの料理が出される。4. 高野豆腐、冬瓜、生麩などの筍かん（炊き合せ）。5. 抹茶塩でいただく野菜の精進天ぷら。6. 生麩の味噌田楽（よもぎ麩とあわ麩）。7. 湯葉の刺身はわさび醤油で。8. 胡麻豆腐。

宿坊内は設備も充実。高野山では珍しく全室トイレ付きで、モダンでオシャレな離れ、檜風呂付きの部屋も。しかも、食事は庭を眺める個室か、県指定文化財の庫裏《くり》でいただくのですが、この庫裏は安土桃山時代から使われている書院だとか。安土桃山文化の華やかな空気感を感じながら、食事をいただく貴重な時間を過ごせます。

これは、不動院が奥まった場所にあったからこそ、山内で大火が起きたときも類焼せずに済んだからです。

料理は一皿一皿に心が込もった丁寧な精進料理。季節によっては修行僧が山から採ってくる山菜類（伽羅蕗、タラの芽、コシアブラ等）もいただけます。

不動院《ふどういん》

☎0736-56-2414
和歌山県伊都郡高野町高野山456

1泊2食付き1名14,000円～、客室はすべてトイレ付き。檜風呂付き離れ部屋もあり。共同大浴場あり。朝の勤行はAM7:00～ 宿泊者は参加自由。阿字観は無料(要予約)。
IN15:00　OUT10:00

9. 静かな山中に佇む本堂。10. 離れに併設された家族風呂。11. 離れの部屋。庭を眺められるウッドデッキもある。12. 不動院の山門。大通りから少し奥まった場所にある。

仏舎利を祀る
摩尼殿や多くの
お堂があるお寺

普賢院

鐘がある重厚な楼門（鐘楼門）が迎えてくれるお寺。徳川霊廟《れいびょう》から拝領された重要文化財の四脚門《しきゃくもん》や、摩尼《まに》殿の色彩も鮮やかで、とても明るい雰囲気の境内です。夏には樹齢300〜400年ともいわれる百日紅《さるすべり》の花が咲き誇ります。

ご本尊は普賢菩薩《ふげんぼさつ》。弘法大師の十大弟子の一人、華厳寺道雄《けごんじどうゆう》の作で、大師が点眼《てんがん》されたと言われるもの。白象に乗り、真言行者を守護するといわれています。

2

3

4

5

1

平安時代後期の大治年間。覚王親王が高野山にて、この普賢菩薩を力乗上人に授けたことから、上人が普賢院を開いたと伝わります。

平成11年（1999）にネパールからの仏舎利請来《ぶっしゃりしょうらい》を機に、摩尼殿が建立され、地下の光明心殿には仏舎利が祀られました。また、摩尼殿には普賢菩薩と同体とされる金剛薩埵《こんごうさった》が祀られ、壁面には回転させただけ経を唱えたことになるという摩尼車《まにぐるま》があります。

さらに、松尾芭蕉が訪れたことで、俳句のお寺としても知られ、芭蕉像を祀った芭蕉堂があります。正岡子規や高浜虚子も併祀され、今でも著名俳人たちが宿坊に集まり、芭蕉堂に俳句を奉納していくそうです。

6

7

8

9

10

写真／普賢院提供 11

6. 夏に山門をくぐると百日紅の花が迎えてくれる。7. 回転させただけお経を唱えた功徳があるという摩尼車。8. 鮮やかな色彩の摩尼殿には、金剛薩埵が祀られている。9. 1泊2食付き12,000円の部屋（2名1室）風呂、トイレ共同。10. 四季の素材を活かした精進料理も好評。11. 湧き水を温めたお風呂が疲れを癒してくれる。

普賢院《ふげんいん》

☎0736-56-2131
和歌山県伊都郡高野町高野山605

1泊2食付き1名10,800円～（ふすま仕切り）、11,880円～（壁仕切り）、13,000円～トイレ付き、15,000円～トイレ付き（料理が増える）。朝の勤行はAM6:30～ 宿泊者は参加自由。
IN14:00　OUT9:00

1. 弘法大師が点眼されたと伝わるご本尊の普賢菩薩。2. 摩尼殿。右手に五鈷杵（ごこしょ）、左手に五鈷鈴（ごこれい）を持つ金剛薩埵（こんごうさった）。3. 摩尼殿地下にある光明心殿には仏舎利が祀られ、それを囲むように、参詣者が自分の十二支守護本尊（八体仏）を奉納している。4. 本堂の左にある位牌堂は、阿弥陀如来が祀られている。5. 不動明王が祀られた護摩堂。脇には木造の金剛像、力士像が不動明王を護る。

人気宿坊・一乗院に泊まってみた！

1泊2日の宿坊体験

弘法大師が開いた修行道場、高野山。朝勤行への参加や阿字観、写経体験などを通して触れる新しい世界、日常では味わえない、貴重な体験が待っています。宿坊は単なる宿ではなく、仏様が祀られているお寺に泊まること。興味があるけれど、イメージが湧きにくい宿坊の旅を、実際に1泊2日の旅でシミュレーションしてみました。

1日目

15:00

到着
重厚な山門をくぐると、玄関先で修行僧に出迎えていただきました。

塗香
挨拶を交わし、寺院に入る前に塗香を身に塗ることでお清めをします。

15:05

お部屋へ案内
宿坊内の施設説明を受けながら、僧侶が部屋まで案内してくれます。お香の香りが漂い、お寺に来たことを実感。

15:10

お部屋で休憩
お部屋にはお茶やお菓子も用意され、まずはお茶を飲みながら一服。

非日常への入り口は山門から。一乗院の重厚な表門を一歩入ると、日常とかけ離れた世界が広がっています。時間が止まったような世界。玄関で修行僧たちに迎えられ、塗香《づこう》というお香を手にすり込み、心身を清めてから院内に入ります。

歴史の重みを感じさせる、創建1100年以上の古刹。磨きこまれた長い廊下を歩きながら、僧侶が院内の説明をしてくれます。

案内された部屋はとても落ち着いた和室。まるで旅館に来たような設《しつら》えで、ほのかにお香の香りがします。床の間の掛け軸や高野山独特の宝来《ほうらい》という切り絵が印象的。宝来とはしめ縄の代わりになるもので、弘法大師が中国から持ち帰ったものです。

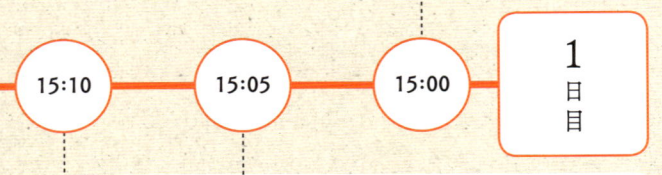

15:30

壇上伽藍へ参拝

一乗院は金剛峯寺や壇上伽藍も徒歩圏内なので、部屋に荷物を置き、金堂や根本大塔をはじめ壇上伽藍をゆっくりと参拝します。

17:30

入浴

夕食前に大浴場へ。高野山の湧き水を沸かしたお湯はとても柔らか。シャワーもあって機能的です。入浴時間は16:00〜22:00。

18:30

夕食

お寺ならではの精進懐石料理をお部屋でいただきます。ご飯もおひつでいただけるのでボリュームたっぷり。高野山名物の胡麻豆腐もいただきます。

20:00

写経

写経に挑戦。薄い文字で書かれた般若心経を、なぞり書きします（写経一巻1,000円）。一乗院の場合は筆ペンや、硯で墨をすって筆で書くことも可能（別途筆代500円／持ち帰り可）。

22:00

就寝

就寝時間は自由ですが、翌朝6:30からの勤行に参加するため、早めに就寝します。

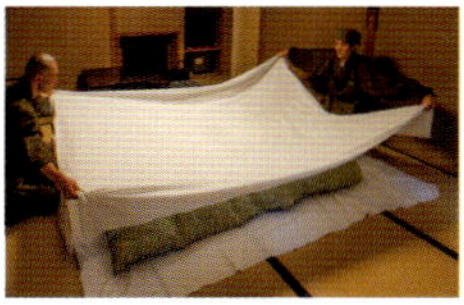

夕食が終わると、僧侶たちが手際よく布団を敷いてくださいました。

ひと息ついたら参拝にでかけます。金堂と根本大塔の拝観時間は17時まで。参拝者も少ない時間帯なので、ゆっくりと参拝できました。おすすめです。

一乗院に戻り、大浴場で入浴を済ませると、お部屋で精進料理の夕食。精進料理というと質素かと思いきや一乗院の場合は本膳、二の膳、三の膳がついた、彩りも美しい精進懐石料理。野菜中心で肉や魚を使わず、そのほとんどが宿坊内で手作りされています。

「命をいただくという思いで、感謝して召し上がっていただければ」と、教えていただきました。

食後は心を落ち着けて、般若心経の写経に挑戦（1000円）。心静かにお経を写すことで仏様の功徳をいただけるとのこと。写経は翌朝の勤行に持参してご本尊にお供えします。

さらに、一乗院ではその後、写経を奥之院に納めに行くとのこと。弘法大師や仏様に奉納できるなんて、気合が入ってしまいます。

2
日
目

6:30

朝勤行《あさごんぎょう》に参加

朝勤行の開始を知らせる鐘の音が響き、朝の勤行がスタート。お経や声明が唱えられる中、心の中で一緒にお祈りをします。その後、焼香してお参りします。ご本尊の弥勒菩薩(みろくぼさつ)はじめ、さまざまな仏様が祀られています。

7:30

朝食後の休憩・散策

朝勤行から戻ると、すでに朝食が用意されていました。素朴な味わいに心が癒されます。食後は野鳥の声が清々しい立派なお庭を散策。

夜が明けたばかりで薄暗い、朝6時頃。朝勤行を知らせる館内放送があり、宿泊した参加者が本堂に集まります。6時半に住職が入堂して勤行がスタート。緊張感あふれる厳粛な空気の中、お経や声明が唱えられます。

そして読経の間、参加者が順番に焼香してお参りします。また、一乗院では般若心経の経本が配られ、住職や僧侶だけでなく、全員で般若心経を唱え、大師宝号も唱えます。本堂内は一体感に包まれ、私たちも修行の中にあることを実感できます。

部屋に戻るとお布団が片づけられ、すでに朝食の用意がされていました。そのうえ、勤行後の朝食の美味しいこと。一つひとつの食事をいただくたびに、自然と感謝の気持ちが湧き出てきます。

そして、高野山ならではの阿《あ》息観《そくかん》体験です。僧侶が呼吸の仕方、イメージの仕方などを優しく指導してくださいます。『阿』という梵字《ぼんじ》の前に座り、「あー」という声

8:10

阿息観《あそくかん》体験

弘法大師が始められた阿字観《あじかん》。一乗院ではその入門編である阿息観が体験できます。ロウソクが灯る部屋で瞑想するだけで、心が落ち着いてきます（阿息観体験／要予約 50分〜1時間 一人1,000円）。

9:00

院内を見学

チェックアウトまでの時間、院内の仏画、襖絵を見学したり、談話室で高野山の資料を読んで過ごします。

10:00

チェックアウト

僧侶に高野山のことを聞いたり、マップをいただいたり。僧侶たちが見送りしてくださいました。

を出しながら、宇宙や自然と一つになることをイメージします。

「『阿』とは密教最高の仏で、宇宙そのものである大日如来《だいにちにょらい》のこと。禅の瞑想では頭を空っぽにし、無になろうとしますが、密教ではイメージすることがメインです。あまり構えずに、リラックスして受けてみてください」と教えていただきました。

チェックアウトまでの時間は、仏画を参拝したり、豪華なふすま絵を拝見したり。思い思いの時間を過ごします。チェックアウト後は宿坊に荷物を預けて、再び高野山内のお参りと散策へ。

さて、密度の濃い時間を過ごした宿坊での時間。宿坊に泊まる前と後では、高野山への印象がまったく変わっていることに気がつきます。住職をはじめ、僧侶たちの奉仕はすべて修行の一環であり、丁寧な一つひとつの行いが高野山の教えなのかもしれないと気がついたとき、とても心が温かく優しくなれるのでした。

高野山へ行ったら寄っておきたい

誰もが知る天空の名店へ

**高野山ならではのお土産といえば、仏具や線香もそうですが、
胡麻《ごま》豆腐や生麩、焼き餅や和菓子などの、美味しいお土産も有名。
歴史のある老舗が多く、きちんとした素材、伝統の製法でつくられた本格派が揃います。
ここでは高野山通なら誰でも知っている名店、名品を紹介します。**

胡麻豆腐 濱田屋

1. 濱田屋の風情ある外観。「みろく石本舗 かさ國」横の細い道「龍神街道」を100mくらい入った場所にある。2. お土産用の胡麻豆腐は要冷蔵。クーラーバッグやスチロール箱に保冷剤を入れて持ち帰る。用意がない場合は別料金で購入可能。3. 店内にてワサビ醤油でいただく胡麻豆腐、300円。

驚くほどなめらかで上品な胡麻豆腐

明治時代初期に豆腐屋として開業し、昭和30年代に胡麻豆腐を主製品とした濱田屋。

原料は厳選された白胡麻、吉野の本葛、高野山の湧き水のみとシンプルですが、昔ながらの製法で丁寧につくられた胡麻豆腐は、驚くほどなめらかで、ほのかに胡麻が香る上品な味わいです。

濱田屋の朝は胡麻の皮をむく作業から始まります。焙煎はせず、油分の多い胡麻の皮をむくことで油臭さがなく、あっさりとした仕上がりに。そして、驚くことに製造過程で般若心経1巻と、お大師様の御宝号3遍を唱え、感謝の気持ちを込めてつくるのだとか。

また、胡麻豆腐は、店内でいただくことも可能。定番のワサビ醤油のほか、デザート風の和三盆糖をかけた胡麻豆腐もあります。

裏山の湧き水。高野山は美しい水に恵まれた場所。

胡麻豆腐　濱田屋

☎0736-56-2343
和歌山県伊都郡高野町高野山444
営　9:00～売り切れ次第終了
休　不定休

高野山大師堂

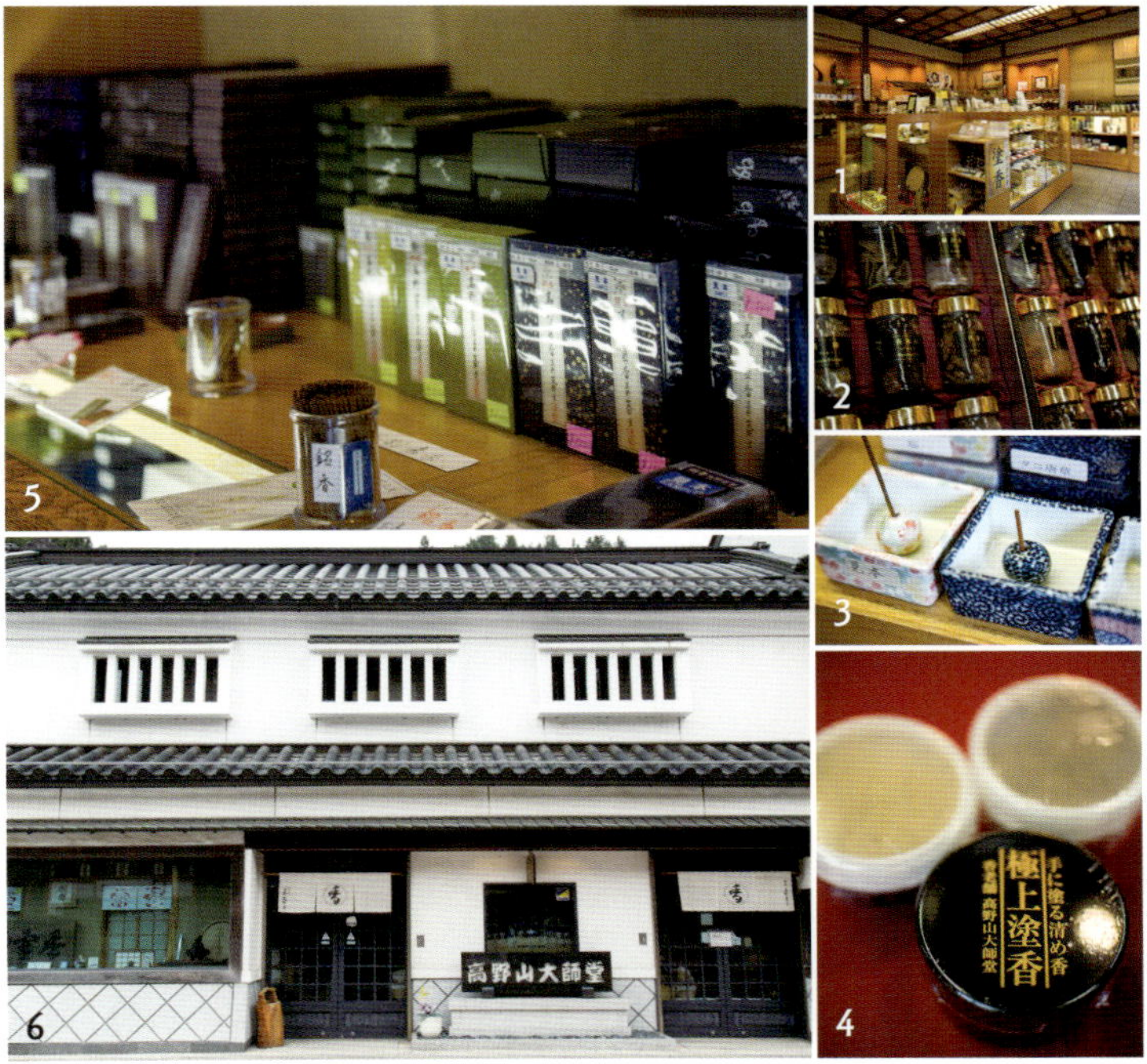

1. 高野山大師堂の店内。線香や仏具、香木、アロマオイルなどの品々が並ぶ。2. さまざまな国のお香を扱っている。3. 豊富なお香立て。自分用に買っていく人も多い。4. 奥之院の僧侶と香料のブレンドをした「極上塗香（づこう）」は、どこにでも持ち歩きしやすいサイズ。5. 人気の線香が並ぶコーナー。青のパッケージが「銘香」、緑が「白檀」。容量もさまざま。6. 高野山大師堂外観。メインストリート沿いにある。

お香を焚けば
そこが高野山に

高野山で唯一、お線香を製造・販売している店。もともと湿度が高い山内でお香はつくれなかったのですが、乾燥技術が発達して製造可能に。今では金剛峯寺をはじめ、ほとんどの山内寺院で使用されています。

真言宗の経典に掲載された原料でつくる線香「銘香《めいこう》」は、山内でも多く焚かれている高野山の香り。自宅でお香を焚くと、まるで高野山にいるような感覚になれます。また、「特選白檀《びゃくだん》」は部屋のアロマとしても女性に人気の線香。甘い香りで、癒し効果抜群です。

奥之院でも実際に使われている「極上塗香《づこう》」は、奥之院の僧侶とともに香料のブレンドを調整したもの。

塗香とは手に塗ることで心身のお清めをするお香のこと。余った塗香はポチ袋に入れて、名刺入れやお財布に入れる人も多いとか。

店内には本格的な香道《こうどう》の道具から、アロマオイルや匂い袋まで、香りにまつわるアイテムが勢揃い。高野山らしいお土産が見つかるかもしれません。

高野山大師堂

☎0736-56-3912
和歌山県伊都郡高野町高野山732
営　9:00～17:00
休　不定休

みろく石本舗　かさ國

写真／かさ國提供

写真／かさ國提供

1. 店頭で生菓子の「焼き餅」や「くるみ餅」を販売。売り切れ次第、終了。2. 熱狂的なファンも多い甘さ控えめの「焼き餅」は、その日のつくり立て。3. 工房で一つひとつ手仕事でつくられる「みろく石」。4. 銘菓「みろく石」はほどよい甘さの粒あんが美味。5. かさ國の店内。店の奥には購入者の無料の休憩所がある。

朝生菓子の焼き餅、くるみ餅も絶品！

高野山で最も有名な銘菓「みろく石」。奥之院の御廟橋近くにある弥勒《みろく》石にちなんだお菓子で、ほどよい甘さの粒あんが美味です。山内の宿坊で出されることも多く、まさに高野山ならではのお菓子と言えます。

明治4年創業。金剛峯寺御用達の老舗で、ほかにもさまざまな和菓子を製造。柑橘系のあんが香るまんじゅうの「高野通宝」や、高野山秘蔵の古文書に基づいた「ひじり羊羹」など。お土産として喜ばれる和菓子が揃います。

是非とも食べたいのが朝5時からつくるという「焼き餅」。良質の粒あんを餅でくるみ、両面を軽く焼いた高野山名物です。

白餅と草餅があり、一度食べるとクセになる美味しさ。きな粉をまぶした柔らかな食感の「くるみ餅」も絶品です。一つから購入できるので、食べ歩きにも便利。

店の奥には購入者には無料の休憩所があり、ここで和菓子を食べながらひと息つくこともできます。

みろく石本舗　かさ國

☎0736-56-2327
和歌山県伊都郡高野町高野山764
営　8:00〜18:00
休　不定休

まだある！注目すべき情報 高野山の楽しみ

**山内は日々進化していて、新しいお店やイベントが次々と登場。
お店が集中しているメインストリートを歩くだけでも発見がいっぱいです。
その中でも注目すべき、おぼえておきたい情報を3つ紹介します。**

高野山情報に詳しい案内所 高野町観光協会

総本山金剛峯寺近く（通称：霊木の家）にある観光案内所。高野山参拝スポットやルート、最新の情報まで、さまざまな質問に答えてくれるので、わからないことがあったら、まず相談してみましょう。

レンタサイクルも貸し出しているので、自転車で周遊されたい方はぜひ。また、お得な「諸堂共通内拝券」も購入可。

高野町観光協会

☎0736-56-2468
和歌山県伊都郡高野町高野山359-3
営　8:30〜17:00
（レンタサイクル1回につき1,000円9:00〜16:30）
休　年末年始（※ 諸事情により休業することもあります）

お大師様に夜参拝する 心の癒し お逮夜ナイトウォーク

弘法大師空海が御入定されたのが旧暦3月21日ということもあり、毎月21日はお大師様の縁日です。そこで観光協会では、その前夜「お逮夜（たいや）」に一の橋から御廟までを参拝する「お逮夜ナイトウォーク」を毎月開催しています。

お逮夜ナイトウォーク

毎月20日　19:00〜
場所　一の橋表参道入り口
（高野山宿坊協会一の橋案内所前集合）
※参加費無料　予約不要

珍しい夜のオアシス 旬魚料理 酒幻洞 玄

夜が早い高野山では珍しい居酒屋。夜は週末限定ですが、夕食を食べ逃した人のオアシスのようなお店です。

また、高野山上にありながら、旬のお魚が味わえるのも特徴。兵庫県明石市で鮮魚卸をしていた大将がつくる魚料理が自慢で、和歌山産のまぐろ重や、明石直送の焼穴子重などもいただくことができます。

もちろん、日本酒や焼酎などお酒も充実。ランチ営業もあるので、魚が食べたいときに重宝するお店です。

旬魚料理　酒幻洞《しゅげんどう》 玄《げん》

☎0736-26-4141
和歌山県伊都郡高野町高野山732
営　月火金土日 ランチ 11:00〜14:00
　　金土日 ディナー 18:00〜22:00
休　水木曜

誰も教えてくれない、参拝上級者の知恵

高野山の参拝マナー＆心構え

さまざまな国や、いろいろな世代の人たちが訪れる高野山
仏様に喜ばれる参拝をするなら、マナーや心構えが大切です。
ここではちょっと気をつけるだけの、美しい参拝を目指します。

イラスト＝宇和島太郎
illustration:Taro Uwajima

1. 参拝に適した服装で

壇上伽藍や金剛峯寺、霊宝館などは土足厳禁が多いので、脱ぎ履きしやすい靴が便利です。ブーツはなるべく避けるのがいいでしょう。また、法事に行くとわかりますが、本来お寺は正装で伺う場所でもあるので、カジュアルな服装になりすぎないようにしたいものです。

2. 写真撮影は控えめに

高野山は信仰の場所です。ご本尊や仏様は撮影禁止のところが多いことを頭に入れておきましょう。とくに奥之院御廟橋より先は撮影禁止です。また、僧侶を写真で撮影することは修行の妨げになることもあるので、気をつけましょう。

3. お参りは譲り合いの精神で

弘法大師御廟をはじめ、ご本尊前のスペースは限られています。独り占めしないよう、他の参拝者に気を使いましょう。読経やお祈りは端によって。大きな声での読経はまわりの迷惑になりますので、節度をわきまえましょう。また、ほかの参拝者がいる場合のご焼香はすみやかに。

4. 生きものすべてを慈しむ

瑞々しい木々や可憐な花々、美しい声でさえずる野鳥たちなど。高野山は豊かな自然に囲まれています。「禽獣草木 皆是法音」と、弘法大師のお言葉にもあるように、たくさんの「いのち」はすべて仏様であり、参拝をしながら生きものたちを慈しむ心は、そのまま大師の教えにも通じます。

5. 聖域での心構え

智恵を授ける仏様、悪者から守って下さる仏様など、仏様にはそれぞれの役割があります。少しずつでもいいので仏様のお名前をおぼえ、役割や特徴を理解してから仏様にお祈りをすると良いでしょう。真言を唱えるのも良いでしょう。また、仏像や仏画は崇敬の対象であり、美術品ではありません。聖域やお堂の中では真剣に拝んでいる人もいますので、携帯電話はマナーモードにし、邪魔をしないようにしましょう。

高野山への交通アクセス

電車の場合

◯ 新大阪から

地下鉄御堂筋線で「なんば」駅まで約14分

↓

南海電鉄「難波」駅から南海高野線「極楽橋」駅へ特急で約90分

（橋本行き急行で行く場合、橋本駅乗り換えで極楽橋駅へ）

↓

「極楽橋」よりケーブルカーで「高野山駅」へ約5分

山内路線バスで各所へ（タクシーもあります）

◯ 関西国際空港から

南海線特急ラピートで「天下茶屋」駅乗り換えで、南海高野線「極楽橋」駅へ。約2時間。

山内路線バス

高野山駅前から各名所へは山内路線バス「南海りんかんバス」

「南海りんかんバス」が一日乗り放題の「高野山内フリー乗車券」830円もあります。

- 金剛峯寺へは「千手院橋」下車徒歩2分。または「金剛峯寺前」下車すぐ。
- 壇上伽藍へは「千手院橋」下車徒歩10分。または「金堂前」下車すぐ。
- 奥之院へは「奥之院前」下車後、御廟まで徒歩20分。

※すべて目安ですので、現状を優先してください。

車の場合

◯ 大阪方面から

阪神高速、近畿自動車道などを経て「松原JCT」から阪和自動車道で和歌山方面へ。

「岸和田和泉IC」を下り、市道唐国久井線、国道170号線、480号線を経て高野山へ。

または、阪和自動車道「和歌山JCT」経由、京奈和自動車道「紀北かつらぎIC」で下り、480号線で高野山。

◯ 名古屋方面から

東名阪自動車道、名阪国道、西名阪自動車道経由で「郡山下ツ道JCT」から京奈和自動車道。

「紀北かつらぎIC」で下り、480号線で高野山。

「高野山と密教の仏様」特典について

カバー裏の特典は割引券として使えます。

4枚をそれぞれハサミ等で切り取ってお持ちください。

お一人様各1回まで。本券1枚で大人お一人様に限り有効です。

2019年12月末日まで使えます。

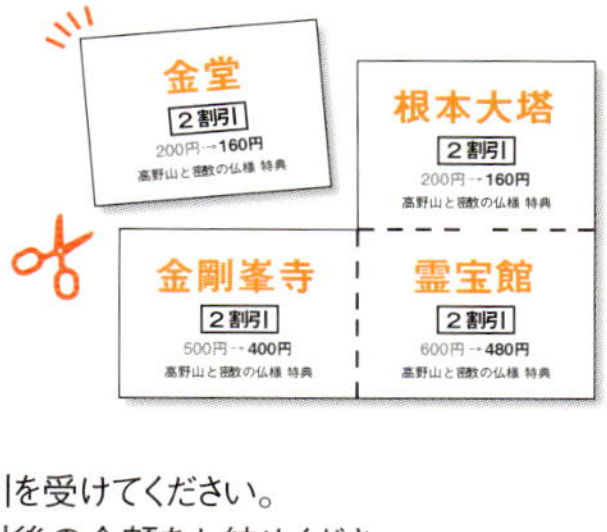

金堂	2割引	200円 → 160円
根本大塔	2割引	200円 → 160円
金剛峯寺	2割引	500円 → 400円
霊宝館	2割引	600円 → 480円

すべて大人料金からの割引になります。本券を受付に提示し、割引を受けてください。

また、金堂と根本大塔は、受付員がいない場合、この割引券と割引後の金額をお納めください。

ただし、行事や儀式など諸事情により拝観できない場合もあります。ご了承ください。

時空を超えた聖地をめぐる

高野山と密教の仏様

Staff

撮　影　Kankan
装　丁　松崎理(yd)
デザイン　小山茜(yd)
イラスト　宇和島太郎
制　作　有限会社ナインヘッズ
校　正　鈴木初江
編　集　川上隆子(ワニブックス)

協　力　総本山金剛峯寺
福武典子、田窪 潤、篠はるみ 有限会社ラシリン

2017年12月7日　初版発行

発行者　横内正昭
編集人　青柳有紀
発行所　株式会社ワニブックス
〒150-8482
東京都渋谷区恵比寿4-4-9　えびす大黒ビル
電　話　03-5449-2711(代表)
03-5449-2716(編集部)
ワニブックスHP　http://www.wani.co.jp/
WANI BOOKOUT　http://www.wanibookout.com/

印刷所　株式会社美松堂
製本所　ナショナル製本

本書に記載されている情報は2017年10月現在のものです。施設・店・商品の情報は変更になる場合があります。
また、記事に掲載されている値段はすべて消費税(8%)込みの価格になります。

ISBN978-4-8470-9636-5